奋斗新时代

钟宪章◎主编

北京
国家行政学院出版社

图书在版编目（CIP）数据

奋斗新时代 / 钟宪章主编 . – 北京：国家行政学院出版社，2018.6

ISBN 978-7-5150-2153-9

Ⅰ. ①奋… Ⅱ. ①钟… Ⅲ. ①人生哲学—通俗读物 Ⅳ. ① B821-49

中国版本图书馆 CIP 数据核字（2018）第 123846 号

书　　名 奋斗新时代
FENDOU XINSHIDAI
编　　者 钟宪章
责任编辑 王　娜
出版发行 国家行政学院出版社
（北京市海淀区长春桥路 6 号　100089）
电　　话（010）68920640　68929037
编 辑 部（010）68928873
经　　销 新华书店
印　　刷 天津中印联印务有限公司
版　　次 2018 年 6 月北京第 1 版
印　　次 2018 年 6 月北京第 1 次印刷
开　　本 170 毫米 ×240 毫米　1/16
印　　张 12.5
字　　数 180 千字
书　　号 ISBN　978-7-5150-2153-9
定　　价 38.00 元

绪论

新时代是奋斗者的时代

“幸福都是奋斗出来的”“奋斗本身就是一种幸福”“新时代是奋斗者的时代”,习近平总书记在讲话中多次提到“奋斗”一词。这些话语发人深思,又催人奋进，标注了新时代的奋斗气质。“奋斗”也是2018年“两会”的主旋律。习近平总书记在十三届全国人大一次会议闭幕会上强调“奋斗”,再一次阐明了奋斗对当代中国的重大意义。弘扬中华民族的伟大创造精神、伟大奋斗精神、伟大团结精神、伟大梦想精神，我们就有了发展进步的强大精神动力，就能以更加昂扬的姿态屹立于世界民族之林。

一、幸福都是奋斗出来的

“幸福都是奋斗出来的”，揭示了新时代创造人民美好生活的基本路径，激发起全党全国各族人民全面建成小康社会、全面建设社会主义现代化强国的信心和决心。习近平总书记强调:“中华民族迎来了从站起来、富起来到强起来的伟大飞跃是中国人民奋斗出来的!”中华民族从站起来、富起来到强起来，贯穿着始终如一的伟大的奋斗精神。这种精神，凝聚于中国人的聪明才智、浸透着中国人的勤劳汗水;这种精神，聚焦于整个国家的国际形象、刷新着中国人民的美好生活。

中国特色社会主义进入新时代，这是我国发展新的历史方位。进入新时代，我国社会主要矛盾已经转化为人民日益增长的美好生活需要和不平衡不充分的发展之间的矛盾。新时代人民所追求的幸福生活，不仅对物质文化生活提出更高要求，而且在民主、法治、公平、正义、安全、环境等方面的要求也日益增长。它是不断促进人的全面发展、社会全面进步的生活；是发展成果更多更公平惠及全体人民、逐步实现全体人民共同富裕，全体人民在共建共享中拥有更多获得感、幸福感、安全感的生活；是幼有所育、学有所教、劳有所得、病有所医、老有所养、住有所居、弱有所扶的生活；是生态环境不断改善、人与自然和谐共生的生活；等等。

奋斗是幸福之母，幸福的真谛就在于奋斗。只有奋斗，才能创造更多更好的物质财富和精神财富，不断丰富幸福的内涵、提升幸福的层次；只有奋斗，才能不断增强成就感、尊严感、自豪感，在创造美好生活的过程中感受幸福。“空谈误国，实干兴邦。”在新时代，要把全面建成小康社会、全面建设社会主义现代化强国的宏伟蓝图变为现实，必须不驰于空想、不骛于虚声，一步一个脚印，踏踏实实地干好每一项工作。我们要紧跟时代步伐，克服“本领恐慌”，消除“能力危机”，提高把握复杂局面的能力和破解难题的本领，努力向人民交出高水平的答卷。

二、奋斗本身就是一种幸福

我国是工人阶级领导的、以工农联盟为基础的人民民主专政的社会主义国家，国家的一切权力属于人民。党章规定，“中国共产党是中国工人阶级的先锋队，同时是中国人民和中华民族的先锋队，是中国特色社会主义事业的领导核心”，必须始终坚持人民立场，坚持人民主体地位，虚心向人民学习，倾听人民呼声，汲取人民智慧，把人民拥护不拥护、赞成不赞成、高兴不高兴、答应不答应作为衡量一切工作得失的根本标准，着力解决好人民最关心最直接最现实的利益问题，让全体中国人民和中华儿女在实现中华民族伟大复兴的历史进程中共享幸福和荣光。

习近平总书记强调：“奋斗本身就是一种幸福。只有奋斗的人生才称得上幸福的人生。”第一，奋斗是艰辛的，艰难困苦、玉汝于成，没有艰辛就不是真正的奋斗，我们要勇于在艰苦奋斗中净化灵魂、磨砺意志、坚定信念。第二，奋斗是长期的，前人栽树、后人乘凉，伟大事业需要几代人、十几代人、几十代人持续奋斗。第三，奋斗是曲折的，“为有牺牲多壮志，敢教日月换新天”，要奋斗就会有牺牲，我们要始终发扬大无畏精神和无私奉献精神。奋斗者是精神最为富足的人，也是最懂得幸福、最享受幸福的人，通过艰苦奋斗可以成为“最幸福的人”。正如马克思所讲：“历史承认那些为共同目标劳动因而自己变得高尚的人是伟大人物；经验赞美那些为大多数人带来幸福的人是最幸福的人。”

新时代是奋斗者的时代。只有奋斗者才能创造无愧于历史的辉煌业绩，书写无悔的奋斗人生、幸福人生。站在新时代的新起点上，面对新变化新要求，我们要坚持把人民对美好生活的向往作为我们的奋斗目标，始终为人民不懈奋斗、同人民一起奋斗，切实把奋斗精神贯彻到进行伟大斗争、建设伟大工程、推进伟大事业、实现伟大梦想全过程，形成竞相奋斗、团结奋斗的生动局面。

三、每一个人都是新时代的奋斗者

“新时代属于每一个人，每一个人都是新时代的见证者、开创者、建设者。只要精诚团结、共同奋斗，就没有任何力量能够阻挡中国人民实现梦想的步伐！”在十三届全国人大一次会议上，习近平总书记向亿万人民发出奋进新时代的号召。

中华民族的伟大复兴，绝不是轻轻松松、敲锣打鼓就能实现的，面对波谲云诡的国际形势、艰巨繁重的国内改革发展稳定任务，我们必须撸起袖子加油干，再接再厉、持续努力。党的十九大描绘了决胜全面建成小康社会、开启全面建设社会主义现代化国家新征程、实现中华民族伟大复兴的宏伟蓝图。在把蓝图变为现实的征途上，我们必须不忘初心、牢记使命，做新时代的奋斗者，在辛勤劳动、务实苦干中不断提升自身素质，不断增强创造和享受幸福的能力来适应这个伟大的时代。要不断增强学习本领、政治领导本领、改革创新本领、科学发展本领、依法执政本领、群众工作本领、狠抓落实本领、驾驭风险本领，保持政治定力，坚持实干兴邦，以昂扬的精神状态，努力创造经得起实践、人民、历史检验的新业绩。

朝气蓬勃的新时代正在我们面前展开，等待我们去书写属于自己的精彩。从补齐民生短板到改善法治环境，从支持创新创业到提升公共服务，新时代为我们的奋斗提供了最有力的支撑。这个伟大的时代属于每一个人，也不会辜负每一个人。在逐梦之路上，高扬奋斗之帆，紧握奋斗之桨，就能找到人生出彩的舞台。时代让我们相信，“有梦想，有机会，有奋斗，一切美好的东西都能够创造出来”。

每一个人都是新时代的奋斗者，在自己的岗位上用创造、用奋斗书写新时代的壮丽篇章。要爱岗敬业、脚踏实地、砥砺前行，坚持干一行精一行，把工作做新、做优、做精，努力创造一流业绩。要持之以恒、久久为功，沉下心来干事创业，幸福才会在前方等着我们。我们坚信，有了不畏艰难、锐意进取的奋斗，我们必将实现中华民族伟大复兴的伟大梦想。

恩格斯说过，人们创造历史的活动，如同无数力的平行四边形形成的一种总的合力。团结奋进，山海可蹈；勠力同心，未来可期。13亿多人心往一处想、劲往一处使，就能汇涓成海、聚沙成塔，书写属于新时代的辉煌篇章。

新时代，必定是奋斗者的时代。

目录

CONTENTS

第一章

不忘初心为了谁

◇ “不忘初心”是党继往开来的时代最强音

◇ 人民立场是党的根本政治立场

◇ 全心全意为人民服务是党的根本宗旨

◇ 人民群众对美好生活的向往是党的奋斗目标

恩格斯说："一个知道自己的目的，也知道怎样达到这个目的的政党，一个真正想达到这个目的并且具有达到这个目的所必不可缺的顽强精神的政党——这样的政党将是不可战胜的。"近代以来中国人民长期奋斗的历史逻辑、理论逻辑和实践逻辑足以说明，中国共产党就是这样的党。党的十九大报告开宗明义指出，大会的主题是：不忘初心，牢记使命，高举中国特色社会主义伟大旗帜，决胜全面建成小康社会，夺取新时代中国特色社会主义伟大胜利，为实现中华民族伟大复兴的中国梦不懈奋斗。这不仅回答了举什么旗、走什么路的问题，而且回答了以什么样的精神状态、担负什么样的历史使命、实现什么样的奋斗目标的问题。在此主题中，不忘初心又是具有统领功能的灵魂主线。不忘初心，方知使命，方能担当，方得始终。党的十九大闭幕不久，习近平总书记便带领中共中央政治局常委，来到我们党梦想起航的地方，回首峥嵘岁月，重温入党誓词，号召全党同志不忘初心、牢记使命、永远奋斗。回顾国际社会主义运动史，初心和使命是无产阶级政党蓬勃发展的精神动力；回顾党的97年发展史，正是因为有了这个初心和使命，我们党才能在风雨荆棘中不断前进，不断从胜利走向新的胜利。当前，中国特色社会主义进入新时代，我们所面临的时代在变化，我们前进的基础更加夯实，但是前进的根本动力不能忘、不能丢，中国共产党人必须始终认清"为了什么人"的问题。

一、"不忘初心"是党继往开来的时代最强音

习近平总书记指出："我们党的全部历史都是从中共一大开启的，我们走得再远都不能忘记来时的路。""一切向前走，都不能忘记走过的路；走得再远、走到再光辉的未来，也不能忘记走过的过去，不能忘记为什么

出发。”97年前，代表着全国50多名党员的13名代表，从这里播撒中国革命的火种，从这里开启跨世纪伟大航程的出征，从这里走向全国执政。97年来，为了实现中华民族伟大复兴的历史使命，无论是“春和景明，波澜不惊”还是“阴风怒号，浊浪排空”，中国共产党人都初心不改、矢志不渝；无论是充满战火硝烟的革命年代，还是蒸蒸日上的改革、建设时代，中国共产党人始终不忘初心、牢记使命。“不忘初心”成为我们党继往开来、勇往直前的时代最强音，“红船精神”永远是激励当代中国共产党人继续前进的强大精神力量，成为激励我们党取得伟大成就、实现伟大飞跃的根本动力。

历史是最好的老师，我们党97年来的蓬勃发展，靠的是“不忘初心”。在革命年代，党领导全国各族人民浴血奋战，推翻“三座大山”，实现了国家独立、民族解放，共产党人为民族独立和人民解放而不怕牺牲的精神，永远铭刻在人民英雄纪念碑上那些栩栩如生的浮雕上，而中国共产党成功的秘诀在于“人民”，“打土豪、分田地”等确实为人民群众谋利益的实践，赢得了人民的信任；新中国成立后，经受过战火洗礼的共产党人，团结带领中国人民医治战争的创伤，完成社会主义革命，确立社会主义基本制度，尽管在社会主义建设实践、探索中走了不少弯路，但广大人民群众始终和党同心同德，党的干部和人民群众同甘共苦，战争年代形成的优良传统作风是一直延续下来的，使我们国家走出困境，不断向前发展；改革开放以来，我国发生了巨大变化，但是广大人民群众始终坚定不移跟党走，这也与共产党人不忘为广大人民群众谋幸福的初心分不开，与中国共产党始终心系民族复兴的伟大使命分不开。

当前，我们党走过了革命洗礼、艰苦创业和繁荣富强等不同凡响的历程，成长在改革开放新时期的新一代共产党人在学识、眼界、开拓精神上与前几代人相比都有无可比拟的优势，但也有天然的弱点，就是对建党时期中国共产党人的“初心”缺乏亲身感受，特别是随着经济社会环境的变化，有的人受拜金主义、享乐主义影响较大，淡忘了“初心”，乃至部分党的领导干部随着权力地位变化，对群众的感情越来越疏远，忘了权力从何而来、为谁而执政，丧失了共产党人应有的精神风貌，成为社会主义中国的“蛀虫”。而党的事业的传承，首先离不开党的思想、精神和作风这种“初心”的传承。如果传承中断，是非常危险的。只有不忘初心，才能鼓舞全党记住走过的路，才能开始新的出发。

“事业发展永无止境，共产党人的初心永远不能改变。”中国共产党饱经风霜依然保持蓬勃朝气，历经坎坷依然得到人民拥护，使积贫积弱的中国站起来、富起来、强起来，核心原因就是中国共产党能够始终不忘初心、牢记使命、永远奋斗。这在“西方民主模式出现了令人不安的裂缝”的现代世界尤为突出。作为百年大党，也是名副其实的“使命党”、责任党，要想完成时代艰难课题，实现对人民的庄严承诺，根本上还是依靠不忘初心、牢记使命、永远奋斗。这是激励中国共产党人不断前进的根本动力。习近平总书记指出：“中国共产党之所以叫共产党，就是因为从成立之日起我们党就把共产主义确立为远大理想。我们党之所以能够经受一次次挫折而又一次次奋起，归根到底是因为我们党有远大理想和崇高追求。”马克思主义为什么伟大？因为以往的一切学说都是为了解释世界，只有马克思主义是为了改造世界。共产党人为什么伟大？因为他们是几代人、几千万人为了一个共同的政治理想，即建立一个历史上从未存在过的能造福于人民的社会制度而前仆后继地奋斗。正是这种经历了无数失败和挫折而不改初衷的奋斗，才成就了人类历史上最辉煌的事业。

同样，强烈的宗旨意识，也是我们党推进改革开放的原动力。邓小平曾指出，不管白猫黑猫，抓得住老鼠就是好猫。在 20 世纪 50 年代末 60 年代初的三年自然灾害期间，邓小平心急如焚，他说，不管用什么办法，只要能生产出粮食来，不让我们的农民被饿死，就用。他是在这个背景下讲白猫黑猫的，是冒着很大政治风险提出的。他两次被打倒，第三次复出还是选择要为人民做事，而不是做官。党的十一届三中全会前夕，邓小平去东北视察，面对当地群众生活非常困难的情况，他一路上看多讲少，最后对辽宁省委负责人说了七个字："我们对不起人民。"这七个字可以说字字千钧。作为党的主要领导人，作出这样沉痛的自省和自责，是前所未有的。党的十八大以来，习近平总书记强调："带领人民创造幸福生活，是我们党始终不渝的奋斗目标。我们要顺应人民群众对美好生活的向往，坚持以人民为中心的发展思想，以保障和改善民生为重点，发展各项社会事业，加大收入分配调节力度，打赢脱贫攻坚战，保证人民平等参与、平等发展权利，使改革发展成果更多更公平惠及全体人民，朝着实现全体人民共同富裕的目标稳步迈进。"习近平总书记这样说的，也是这样做的。[1] 以习近平同志为核心的党中央心系人民、执政为民，不断增强广大人民群众的获得感、幸福感。十八大以来，六千多万贫困人口稳定脱贫，教育事业全面发展，城乡居民收入水平稳步提高，社会保障体系、社会治理体系等实现为人民幸福"兜底"。

"历史总是要前进的，历史从不等待一切犹豫者、观望者、懈怠者、软弱者。只有与历史同步伐、与时代共命运的人，才能赢得光明的未来。"再回首是为了再出发、再奋斗、再辉煌，不忘初心是为了继续前行。接续 97 年的光荣历史与精神，以习近平同志为核心的党中央，轩昂奋发，带领我们走进了中国特色社会主义新时代。新时代要有新气象，更要有新作为。党的十九大擘画的党和国家事业发展的目标和任务，展开了一幅宏伟的春天般的美好画卷，这也是新时代中国共产党的历史使命。每一个共产党员

[1] 黄苇町：《"不忘初心"：中国共产党人继往开来的时代最强音》，《前线》2016 年 10 月 19 日。

都要积极行动起来，进行伟大斗争、建设伟大工程、推进伟大事业、实现伟大梦想，以党的坚强领导和顽强奋斗，激励全体中华儿女不断奋进，同心共筑中国梦。

二、人民立场是党的根本政治立场

对于一个政党来说，坚持什么样的立场是一个根本性的问题，也是关系这个政党前途和命运的大问题。2016 年 7 月 1 日，习近平总书记在庆祝中国共产党成立 95 周年大会的重要讲话中指出：“人民立场是中国共产党的根本政治立场，是马克思主义政党区别于其他政党的显著标志。”在党的十九大报告中，“人民”这一关键词贯穿始终，习近平总书记从多方面强调了坚持人民立场的重要性、必要性。坚持不忘初心、牢记使命，就要坚信党的根基在人民、党的力量在人民，坚持一切为了人民、一切依靠人民，充分发挥广大人民群众积极性、主动性、创造性，不断把为人民造福事业推向前进。

从无产阶级政党的阶级属性来看，坚持人民立场是科学社会主义基本原理的创造性运用，是马克思主义政党的本质要求。中国共产党作为以马克思主义为指导的无产阶级政党，除了代表工人阶级和最广大人民群众的利益之外，没有任何特殊的利益。从本质上来说，党的利益和人民群众的利益是完全一致的，党的立场和人民群众的立场也是完全统一的。坚持人民立场作为中国共产党的本质属性，具体体现为三个层面：

一是科学社会主义本质特征的新概括。《共产党宣言》明确指出：“过去的一切运动都是少数人的，或者为少数人谋利益的运动。无产阶级的运动是绝大多数人的，为绝大多数人谋利益的独立的运动。”这是马克思恩格斯对社会主义运动本质特征的科学揭示，是否“为绝大多数人谋利益”，是检验和区别真假社会主义的试金石。中国共产党是中国工人阶级的先锋队，也是中国人民和中华民族的先锋队，是中国特色社会主义事业的领导核心，它代表中国先进生产力的发展要求，代表中国先进文化的前进方向，代表中国最广大人民的根本利益。党的根本性质，决定了我们党必须始终站在人民立场上、把为人民谋利益谋幸福作为自己全部活动的出发点和归宿。习近平总书记坚持马克思主义的人民观，强调坚持和发展中国特色社会主义，必须坚持人民至上、人民主体地位，一切为了人民，一切依靠人民，人民利益高于一切；强调把增进人民福祉、促进人的全面发展、朝着共同富裕的方向稳步迈进作为出发点和落脚点，等等。这些重要论述鲜明地表达了“为绝大多数人谋利益”的社会主义根本立场和原则。坚持人民至上、人民利益高于一切，坚持以人民为中心的发展，是中国特色社会主义的根本特征和价值所在。

二是马克思主义唯物史观的创造性应用。马克思主义唯物史观认为，人民群众是实践的主体，是历史的创造者，生机蓬勃的社会主义是人民群众自己的创造。是否始终站在最广大人民的立场上，是唯物史观和唯心史观的分水岭，也是马克思主义政党区别于其他政党的试金石。唯物史观确立了人民群众的历史主体地位，强调人民群众是物质财富和精神财富的创造者，是历史发展和社会变革的决定力量，特别是在社会主义条件下，人民成为国家和社会的主人，人民的主体地位体现得更加充分和彻底。坚持人民立场是马克思主义的政治本色，也是马克思主义政党保持自身先进性和纯洁性的内在要求。习近平总书记坚持人民创造历史的唯物史观，强调党的根基在人民，党的力量在人民，中国特色社会主义的发展是以人民为中心的发展，要充分发挥广大人民群众的积极性、主动性、创造性，不断为人民造福。坚持人民立场、坚持以人民为中心的发展思想，包含了对中国特色社会主义价值取向、发展动力的科学回答和阐述，是对马克思主义唯物史观的创造性运用。尽管新世纪科学技术高度发展、知识化信息化影响巨大，但是人民创造历史的客观规律没有变，也不可能改变。中国特色社会主义离不开人民的首创精神，人民群众是我们国家前途命运的决定力量。只有始终坚持人民创造历史的唯物主义立场和观点，相信人民、依靠人民、代表人民，以人民为中心，我们党才能拥有不竭的力量源泉，不断把中国特色社会主义推向前进。

三是中国特色社会主义建设规律的深刻揭示。习近平总书记指出：“我们要建设的是中国特色社会主义，而不是其他什么主义。历史没有终结，也不可能被终结。中国特色社会主义是不是好，要看事实，要看中国人民的判断。”这就是说，是不是实现好、维护好、发展好最广大人民的根本利益，人民拥护不拥护、赞成不赞成、高兴不高兴、答应不答应，是衡量中国特色社会主义事业成败得失的根本标准。我国在生产力相对落后的基础上建立起社会主义制度，生产力欠发达和人口众多是最基本的国情。习近平总书记关于坚持人民立场的重要论述坚持了人民主体地位的社会主义根本性质，从我国社会主义发展历史经验和理论逻辑的统一上，深刻揭示了坚持和发展中国特色社会主义的根本规律。

从我们党走过的 97 年历程来看，坚持人民立场、始终保持党同人民群众的血肉联系是我们党战胜一切艰难险阻、取得不断胜利的根本保证。

“得众则得国，失众则失国。”习近平总书记指出：“中国共产党之所以能够发展壮大，中国特色社会主义之所以能够不断前进，正是因为依靠了人民。中国共产党之所以能够得到人民拥护，中国特色社会主义之所以能够得到人民支持，也正是因为造福了人民。”“党与人民风雨同舟、生死与共，始终保持血肉联系，是党战胜一切困难和风险的根本保证”。坚持人民立场、代表人民利益，是我们党领导人民取得各项巨大成就的力量源泉。党在领导中国革命、建设和改革的伟大实践中，不论所处的历史方位、所担负的历史任务发生怎样的变化，但坚持人民立场这一根本原则始终没有变。无论是新民主主义革命时期、社会主义改造时期、社会主义建设时期，还是改革开放和社会主义现代化建设新的历史时期，我们党都始终坚持了人民立场，始终把人民作为革命、建设和改革的主体，充分调动了人民群众的积极性和创造性，使党的事业、国家的事业与人民群众自己的事业有机统一在一起。没有人民，也就没有我们党在不同历史时期的成功。

1945 年 7 月，黄炎培等国民参政员飞赴延安访问。毛泽东诚恳地问黄老：您来延安考察了几天，都有什么感想？黄炎培坦言，“我生六十多年，耳闻的不说，所亲眼看到的，真所谓‘其兴也勃焉’，‘其亡也忽焉’，一人，一家，一团体，一地方，乃至一国，不少单位都没能跳出这周期率的支配力。”[1] 如何摆脱历史周期率，这是毛泽东在革命即将取得成功后所考虑的。他在回答周期率问题时坚定地说：“我们已经找到新路，我们能跳出这周期率。这条新路，就是民主。只有让人民来监督政府，政府才不敢松懈。只有人人起来负责，才不会人亡政息。”实际上，早在延安整风的时候，毛泽东就号召全党读郭沫若写的《甲申三百年祭》，告诫全党防止腐败，防止腐化堕落。1949 年在党的七届二中全会上，毛泽东指出，我们很快就要在全国胜利了。夺取全国胜利，这只是万里长征走完了第一步。中国的革命是伟大的，但革命以后的路程更长，工作更伟大，更艰苦。这一点现在就必须向党内讲明白，务必使同志们继续地保持谦虚、谨慎、不骄、不躁的作风，务必使同志们继续地保持艰苦奋斗的作风。[2] 正是我们党坚持马克思主义的群众观点，坚持全心全意为人民服务的宗旨，始终把实现和维护最广大人民的根本利益作为党的理论和路线方针政策以及全部工作的根本依据，始终深深扎根于人民之中，为中国人民和中华民族的根本利益不懈奋斗，才领导中国革命战胜一个又一个困难，取得了一个又一个胜利。

---

[1] 张荣臣：《人民立场是中国共产党的根本政治立场》，《先锋》2017 年 7 月 25 日。
[2] 唐剑锋：《红色基因须臾不能忘记》，中国共产党新闻网，2017 年 11 月 14 日。

从中国特色社会主义进入新时代的历史新方位来看，坚持人民立场从根本上回答了党和人民的关系，是当代中国共产党人的崇高使命，是推进中国特色社会主义伟大事业迈向新阶段的内在要求。

习近平总书记指出：“坚持不忘初心、继续前进，就要坚信党的根基在人民、党的力量在人民，坚持一切为了人民、一切依靠人民，充分发挥广大人民群众积极性、主动性、创造性，不断把为人民造福事业推向前进。”如何在实践中始终坚持人民立场，把人民立场作为党的根本政治立场，这是当代中国共产党人的崇高使命。具体说来，在新时代坚持人民立场，就必须把握以下几个关键点：

一是必须把人民放在心中最高位置。习近平总书记多次说过，“在任何时候任何情况下，与人民同呼吸共命运的立场不能变，全心全意为人民服务的宗旨不能忘”。把人民放在心中最高位置，就是要时时为人民着想，处处为人民谋利，全心全意为人民群众排忧解难；把人民放在心中最高位置，就必须坚持全心全意为人民服务的根本宗旨，把人民拥护不拥护、赞成不赞成、高兴不高兴、答应不答应作为衡量一切工作得失的根本标准，把实现好、维护好、发展好最广大人民的根本利益作为一切工作的出发点和落脚点。党只有把人民放在心中最高位置、把人民的安危冷暖放在心上，始终与人民心心相印、与人民同甘共苦、与人民团结奋斗，才能始终走在时代前列，推进先进生产力和先进文化不断向前发展。

二是必须始终为人民利益而奋斗。“治国有常，而利民为本。”人们奋斗争取的一切都同他们的利益密切相关。马克思说过：“思想一旦离开利益，就会使自己出丑。”坚持人民立场是一个以实现维护和发展人民根本利益为具体内容的实践过程，只有使人民根本利益得到实现和维护，人民立场才能得到有效保障。习近平总书记指出：“党的一切工作，必须以最广大人民根本利益为最高标准。”民生连着民心，民心凝聚民力。我们强调坚持人民立场，关键是要真正做到从群众的现实需要出发，站在群众的角度思考问题，真诚倾听群众呼声，真实反映群众愿望，真情关心群众疾苦，依法保障人民群众的各项权益，努力实现好维护好发展好最广大人民的根本利益。

三是必须尊重人民主体地位。“民者，国之根也。”尊重人民主体地位、保证人民当家作主，是社会主义的本质要求，也是我们党的一贯主张。习近平总书记反复强调，要“坚持人民主体地位，发挥人民首创精神，着力解决好人民群众最关心最直接最现实的利益问题，不断让人民得到实实在在的利益”。党的十八届六中全会要求广大党员领导干部必须“坚持问政于民、问需于民、问计于民，决不允许在群众面前自以为是、盛气凌人，决不允许当官做老爷、漠视群众疾苦，更不允许欺压群众、损害和侵占群众利益”，这是我们党在新的历史条件下坚持人民立场、尊重人民主体地位的具体要求。

四是必须坚持带领人民创造幸福生活。“乐民之乐者，民亦乐其乐；忧民之忧者，民亦忧其忧。”我们追求的发展是造福人民的发展，我们追求的富裕是全体人民的共同富裕。习近平总书记指出，“人民对美好生活的向往，就是我们的奋斗目标”，“中国梦归根到底是人民的梦，必须紧紧依靠人民来实现，必须不断为人民造福”。坚持人民立场就必须把为人民创造幸福作为我们党始终不渝的奋斗目标，积极顺应人民群众对美好生活的向往和期待，始终坚持以人民为中心的发展思想，把增进人民福祉、促进人的全面发展作为发展的出发点和落脚点，使改革发展成果更多地惠及全体人民，努力朝着实现全体人民共同富裕的目标稳步迈进。

五是必须从人民群众实践中汲取智慧和力量。一方面，党与人民风雨同舟、生死与共，始终保持血肉联系，是党战胜一切困难和风险的根本保证。另一方面，党执政后的最大危险也是脱离群众。特别是在党长期执政的条件和环境下，如果手中的权力使用不当，脱离群众、损害群众利益特别是腐败这一最大威胁就极易发生。这种现象的严重后果，已经被历史和现实的许多惨痛教训所证明。党领导人民推进中国特色社会主义伟大事业，每时每刻都会遇到许多新情况新问题，应对和解决这些新情况新问题不可能从老祖宗那里找到现成答案，必须从广大人民群众的伟大实践中汲取智慧和力量。人民群众的实践活动是取之不尽、用之不竭的力量源泉。各级领导干部必须深入实际、深入基层、深入群众，多到条件艰苦、情况复杂、矛盾突出的地方解决问题，千方百计为群众排忧解难；要深入群众进行广泛的调查研究，勇于拜人民群众为师，同时又要善于从人民群众的实践中总结提炼经验，从人民群众的伟大实践中汲取智慧和力量，确保中国特色社会主义伟大事业始终沿着正确的方向前进。

三、全心全意为人民服务是党的根本宗旨

1848 年，马克思、恩格斯在《共产党宣言》中向全人类宣布：共产党的一切努力都是为工人阶级和劳动群众谋利益求幸福，除了人民群众的利益，共产党没有自己任何的私利。中国共产党把这种“谋利益求幸福”的思想主张，叫做党的根本宗旨，即毛泽东所概括的“全心全意为人民服务”。习近平总书记多次强调，我们党是为人民服务的，是要为人民做事的。他明确指出：“我们讲宗旨，讲了很多话，但说到底还是为人民服务这句话。”这既重申了我们党的一贯主张，又道出了新形势下共产党人必须永葆的政治情怀。具体说来，必须清楚认识权力是人民给的，党的根基和力量在于人民，权力必须为民所用。

必须清楚认识权力是人民给予的，是用来为人民服务的。延安时期，美国记者曾问毛泽东：“你们办事，是谁给的权力？”毛泽东回答：“人民给的”“人民要解放，就把权力委托给能够代表他们的、能够忠实地为他们办事的人，这就是我们共产党人。”党员干部与人民群众的关系，是公仆

与主人、代表与被代表、服务与被服务的关系，而不是其他任何关系。这种服务是应尽的责任，党的干部应该时时如履薄冰、如临深渊，尽不到责任，人民就会把权力收回。看党员干部是不是牢固地坚持了党的宗旨，习近平总书记提出了明确要求："坚持全心全意为人民服务的根本宗旨，实现好、维护好、发展好最广大人民根本利益，把人民拥护不拥护、赞成不赞成、高兴不高兴、答应不答应作为衡量一切工作得失的根本标准，使我们党始终拥有不竭的力量源泉。"当前，人民群众自身利益格局的分化比较明显，践行党的宗旨的着力点，就要看党员干部能不能正确处理最广大人民群众的根本利益、现阶段群众的共同利益、不同群体的特殊利益的关系，特别是要高度重视和维护困难群众、弱势群体的利益；必须着力回应人民群众的利益关切，以更大的政治勇气、政治智慧、政治艺术打破利益固化的藩篱，在推进改革发展的同时努力遏制利益分化的趋势，加大收入分配调节力度，打赢脱贫攻坚战，使改革发展成果更多更公平地惠及全体人民。

必须始终坚持党的根基和力量在人民。党的宗旨意识源于对人民主体和主人地位的认知与自觉。党群关系的密切程度，始终都是党的宗旨意识强弱的根本标志。执政以前，在残酷的革命战争和艰苦的生活环境中，党一旦离开群众，就无法生存；执政之后，党掌握了巨大的公共权力和丰富的可支配资源，这一方面有助于党更好地为人民服务，另一方面也可能让"社会公仆"变成"社会主人"——个别党员干部有了追求个人享乐的条件，特别是领导干部中的一些意志薄弱者，受官本位意识影响，宗旨意识淡化，漠视群众利益，做官当老爷，有的甚至利用手中权力为个人捞取不合理的和非法的私利。习近平总书记在建党 95 周年大会讲话中指出："党与人民风雨同舟、生死与共，始终保持血肉联系，是党战胜一切困难和风险的根本保证。"所以，增强宗旨意识，要以保持党同人民群众的血肉联系为核心。

必须时刻保证人民当家作主。不忘初心，牢记宗旨，防止“社会公仆”变成为“社会主人”，其根本目的正是为了让人民群众真正当家作主。执政党在保持社会公仆本色不变的前提下，怎样保证让人民群众当家作主呢?实现社会主义民主，“坚持和发展人民民主，是我们党执政为民的本质要求和根本途径”。习近平总书记指出:“尊重人民主体地位,保证人民当家作主，是我们党的一贯主张。”让人民当家作主，这是共产党执政的一般规律，是增强宗旨意识的根本所在。党的十九大立足中国特色社会主义进入新时代的历史新方位，强调坚持和发展中国特色社会主义，必须坚持人民当家作主，保证人民当家作主落实到国家政治生活和社会生活之中。

四、人民群众对美好生活的向往是党的奋斗目标

2012 年 11 月 15 日，习近平总书记在十八届中央政治局常委同中外记者见面时的讲话中指出:“我们的人民热爱生活，期盼有更好的教育、更稳定的工作、更满意的收入、更可靠的社会保障、更高水平的医疗卫生服务、更舒适的居住条件、更优美的环境，期盼孩子们能成长得更好、工作得更好、生活得更好。人民对美好生活的向往，就是我们的奋斗目标。”这一庄严承诺，既是我们党全心全意为人民服务根本宗旨一脉相承、一以贯之的体现，也突出反映了民生问题在习近平总书记心中的位置，更是凸显了我们党是为人民执政的根本立场。

“人民对美好生活的向往，就是我们的奋斗目标。”这一充满深情、质朴真诚的话语，昭示了中国共产党以人民为中心的执政追求，体现了习近平总书记念兹在兹的爱民情怀，深深地打动和温暖了 13 亿多中国人的心。党的十九大报告立足中国特色社会主义进入新时代的历史方位，继续强调要永远把人民群众对美好生活的向往作为奋斗目标，并从多个方面、多个层次对满足人民日益增长的美好生活需要进行了全面部署，从“努力让每

个孩子都能享有公平而有质量的教育”到“人人都有通过辛勤劳动实现自身发展的机会”，从“加强社会保障体系建设”到“坚决打赢脱贫攻坚战”等，充分体现了以习近平同志为核心的党中央强烈的宗旨意识和真挚的为民情怀，凸显了新时代中国共产党人的使命担当，为全党同志作出示范和表率。群众利益无小事。凡是群众反映强烈的问题，我们都要严肃认真对待；凡是损害群众利益的行为，我们都要坚决纠正，真正把群众的痛点、难点作为工作重点，努力让广大群众有更多的获得感、幸福感。

回顾党的历史，党领导革命、建设和改革所做的每一件事情，都是为中国人民谋幸福，让人民群众生活得更美好。我们党成立之初，就发出了“为天下劳苦大众谋幸福”的庄严誓言，并在随后的数十载革命实践中，通过“打土豪、分田地”等举措切实将这一誓言变为现实。在党的七大上，我们党将“全心全意为人民服务”写进党章总纲，成为我们党的根本宗旨。新中国成立后，我们党一开始就把保障人民生活当作“头等大事”，当时开展的“粮食、棉纱、银元”“三大战役”，毛泽东称其意义“不亚于淮海战役”。改革开放后，我们党开启了全面建设小康社会这个中国历史上最大的民生工程，人民的物质文化生活水平得到很大提高。漫漫 97 年，斗转星移，沧海桑田，但我们党为人民服务的宗旨始终没有变。可以说，让全体人民过上美好生活，贯穿着党创业、守业、兴业的全过程。正是由于我们党始终坚持一切为了人民、一切依靠人民，始终把人民群众的利益放在第一位，才形成了与人民群众融洽的鱼水关系、牢固的血肉关系，才在革命、建设和改革中获得了推动历史发展的伟力，才在人民和历史的选择中取得领导地位并不断得以巩固。历史充分证明，中国共产党为人民而生、靠人民而兴、因人民而强。只有坚持人民至上、人民利益至上，始终与人民心连心同呼吸共命运，才能获得克服一切艰难险阻的制胜法宝、始终立于不败之地。

党的十八大以来，习近平总书记提出以人民为中心的发展思想，就保障和改善民生作出一系列重要论述。阐述中华民族伟大复兴的中国梦，强调“中国梦归根到底是人民的梦”;全面建成小康社会，强调“小康不小康，关键看老乡”“一个都不能掉队”；全面深化改革，强调“把改革方案的含金量充分展示出来，让人民群众有更多获得感”；全面依法治国，强调“努力让人民群众在每一个司法案件中都能感受到公平正义”；全面从严治党，强调“关键问题是保持党同人民群众的血肉联系”……党的十八大以来，经济下行压力下各项民生指标逆势上扬，改革发展成果更多更公平惠及全体人民，不断增强着人民群众的获得感、幸福感。这印证着保障和改善民生“没有终点站，只有连续不断的新起点”的执政理念，兑现了“在经济社会不断发展的基础上，朝着共同富裕方向稳步前进”的坚定承诺，彰显着“让老百姓过上好日子是我们一切工作的出发点和落脚点”的价值追求。

时代在发展，社会在变迁，人民群众对美好生活的向往也在发生变化。人民群众的需求、期盼、向往在哪里，当前最需要解决的突出问题在哪里，是我们必须首先搞清楚、弄明白的。习近平总书记强调：“让老百姓过上好日子是我们一切工作的出发点和落脚点。”他指出，人民期盼有更好的教育、更稳定的工作、更满意的收入、更可靠的社会保障、更高水平的医疗卫生服务、更舒适的居住条件、更优美的环境，期盼孩子们能成长得更好、工作得更好、生活得更好。这里的“十个更”，就是我们的努力方向，就是我们的奋斗目标。我们要始终牢记习近平总书记的教诲，满怀深厚真挚的感情，体察人民的安危冷暖，倾听人民的呼声，回应人民的期待，不断实现好、维护好、发展好最广大人民的根本利益，既以保障和改善民生为重点解决好人民群众最关心最直接最现实的利益问题，努力在幼有所育、学有所教、劳有所得、病有所医、老有所养、住有所居、弱有所扶上不断取得新进展，深入开展脱贫攻坚，保证全体人民在共建共享发展中有更多获得感，不断促进人的全面发展、全体人民共同富裕。

就当下而言，就是要顺应人民群众对美好生活的向往，努力为人民创造更美好、更幸福的生活。经过改革开放40年的发展，我国社会生产力水平明显提高，人民生活显著改善，我国社会主要矛盾转化为人民群众对美好生活的向往与不平衡不充分的发展之间的矛盾，对美好生活的向往更加强烈，人民群众的需要呈现多样化多层次多方面的特点，对民生工作提出了新的更高要求。

总而言之，“不忘初心”是党的十九大的重要主题，是十九大报告的政治亮色和政治底色，是贯穿十九大报告始终的一条主线。十九大报告开宗明义指出：“中国共产党人的初心和使命，就是为中国人民谋幸福，为中华民族谋复兴。”结尾落在实现人民对美好生活的向往上。十九大所有的思想观点、所有的安排部署、所有的政策举措，都是不忘初心的具体化。十九大强调“不忘初心”，就是要昭告世人：我们党将永远保持建党时的奋斗精神，永远保持对人民的赤子之心；虽然我们党已届百年，但党的事业是常青的，无论我们走得多远，也不会忘记来时的路，不会忘记为什么出发。当前，我国发展已站到新的历史起点上，中国特色社会主义进入了新时代。面对新形势，我们要适应新变化，顺应人民群众对美好生活的向往，更准确地把握我国社会主义初级阶段不断变化的特点，坚持党的基本路线，在继续推动经济发展的同时，更好解决我国社会出现的各种问题，更好实现各项事业全面发展，更好发展中国特色社会主义事业，更好推动人的全面发展、社会全面进步，一步步实现好以人民为中心的发展，确保如期建成得到人民认可、经得起历史检验的全面小康社会，不断朝着全体人民共同富裕、社会全面进步的目标前进。

第二章

新时代什么样

◇ 新时代标注中国发展新方位

◇ 进入新时代的深刻意蕴

◇ 进入新时代的论断依据

◇ 进入新时代的奋斗目标

◇ 进入新时代的伟大意义

历史观和时代观是人们对社会历史、所处时代的根本观点、总的看法。准确判断历史新方位，认清新时代的内涵和使命，及时制定和部署与新时代相适应的战略目标、战略布局，历来是马克思主义者尤其是中国马克思主义成功之要。党的十九大报告提出，中国特色社会主义进入了新时代。这是对党和国家发展历史方位的精辟概括，在中华人民共和国发展史上、中华民族发展史上具有重大意义，在世界社会主义发展史上、人类社会发展史上也具有重大意义。“新时代”的论断，标注了当代中国发展的历史坐标，是我们党把握新起点、新使命、新征程的根本依据，是习近平新时代中国特色社会主义思想形成的时代方位，更是不忘初心、牢记使命、继续前行的坐标。

一、新时代标注中国发展新方位

“凡益之道，与时偕行。”党的十九大作出中国特色社会主义进入新时代的科学论断，用“三个意味着”“五个时代”等系统阐释进入新时代的历史意义和基本特征，反映出我们党把握中国发展大势的高度清醒和自觉，为推进各方面事业发展提供总的依据和坐标。

回顾97年奋斗历程，我们党历来高度重视对中国发展进程的把握，并根据社会矛盾运动提出不同时期的发展目标和主要任务。在革命战争时期，毛泽东就指出:“认清中国的国情，乃是认清一切革命问题的基本的根据。”改革开放以来，我们党注重在准确研判国际国内形势变化的基础上提出发展的重点方向和目标，如解决人民的温饱问题、建设小康社会、全面建成小康社会等，都是依据中国社会“时”与“势”的变化和阶段性特征确立的，并在此过程中不断赋予党的目标使命、理论路线、方针政策以新的历史内涵。对此，习近平指出，要认识和把握我国社会发展的阶段性特征，要坚持辩证唯物主义和历史唯物主义的方法论，从历史和现实、理论和实践、国内和国际等的结合上进行思考，从我国社会发展的历史方位上来思考，从党和国家事业发展大局出发进行思考，得出正确结论。[1] 历史和现实一再证明，只有科学把握自身所处的历史方位，才能冷静清醒地分析形势，制定和实施符合实际的纲领和政策，也才能够抓住机遇、继续前进或转败为胜，能否准确把握新方位的内涵，事关党的各项路线方针政策的确定。党的十九大报告解放思想、实事求是、与时俱进，深刻分析总结历史经验特别是十八大以来的经验，准确判定了中国特色社会主义进入新时代这一我国发展的新的历史方位，并对其内涵进行了全面论述。

新方位之“新”，最根本的就是主要矛盾的转化。在马克思主义发展史上，“社会主要矛盾”这一提法是中国共产党的一大理论创新。1956 年，在中国进入全面建设社会主义时期的重大历史关头，党的八大第一次明确提出并阐释“我们国内的主要矛盾”。党的十一届三中全会实现了党和国家事业发展的重大历史转折，反映在对社会主要矛盾的认识上，就是重回党的八大的有关表述。邓小平 1979 年 3 月在中央召开的理论务虚会上，明确把“什么是我国当前的社会主要矛盾”作为一个重大课题提了出来，他说:“我们的生产力发展水平很低，远远不能满足人民和国家的需要，这就是我们目前时期的主要矛盾，解决这个主要矛盾就是我们的中心任务。”这个社会主要矛盾是党的十一届三中全会作出把党和国家工作中心转移到经济建设上来、实行改革开放的历史性决策的依据和前提。1981 年党的十一届六中全会通过的《关于建国以来党的若干历史问题的决议》，正式对社会主要矛盾作了概括:“社会主义改造基本完成以后，我国所要解决的主要矛

[1] 甄占民 :《“四新”彰显党的十九大思想灵魂和精髓要义》,《人民日报》2017 年 11 月 1 日。

盾，是人民日益增长的物质文化需要同落后的社会生产之间的矛盾。”从那以后，我们党一再强调社会主要矛盾问题，并且都是将其同国情、同解放和发展社会生产力的历史任务联系起来讲。经过几十年的社会主义建设，特别是40年的社会主义现代化建设和改革开放，已经处在全面建成小康社会决胜阶段的中国，面临着需要充分利用已经总体上显著提高的社会生产力水平，以此满足人民日益增长的美好生活需要的问题，而阻碍解决这个问题的主要制约因素又在于发展不平衡不充分，因而导致发展成果难以更多惠及人民群众尤其是基层群众，由此而引起一系列社会问题，形成了“发展起来以后的问题不比不发展时少”的局面。作为来自人民、服务人民的人民领袖，习近平总书记对此有着清晰的认识，并在十九大上指明，“我国社会主要矛盾已经转化为人民日益增长的美好生活需要和不平衡不充分的发展之间的矛盾”，从而把握了关系全局的历史性变化，使党掌握了应对新的历史时代的主动权。

新方位之“新”，还在于由主要矛盾转变所决定的解决矛盾方法的转变。在人民日益增长的物质文化需要和落后的社会生产之间的矛盾这一大背景下，以经济建设为中心、“发展是硬道理”乃是历史必由之路。但面临着人民日益增长的美好生活需要和不平衡不充分的发展之间这一新的主要矛盾，就不能仅仅以单纯的发展来解决，尤其不能把发展片面理解为经济发展来解决。习近平总书记在十九大报告中指出：“要在继续推动发展的基础上，着力解决好发展不平衡不充分问题，大力提升发展质量和效益，更好满足人民在经济、政治、文化、社会、生态等方面日益增长的需要，更好推动人的全面发展、社会全面进步”，从而明确了新时代的总体布局和战略布局，阐释了新时代坚持和发展中国特色社会主义的基本方略。

新方位之“新”，还在于指导思想的转变，这是主要矛盾转变和解决矛盾方法转变的必然结果。回头去看走过的路，中国人民与帝国主义、封建主义、官僚资本主义三座大山之间的矛盾，是以毛泽东思想为指导解决的；人民日益增长的物质文化需要和落后的社会生产之间的矛盾，是以包括邓小平理论、“三个代表”重要思想和科学发展观在内的中国特色社会主义理论体系为指导解决的。那么，要解决人民日益增长的美好生活需要和不平衡不充分的发展之间这一新的主要矛盾，也就必然要有新的思想理论作为指导，才能适应中国特色社会主义进入新时代的要求，这就是习近平新时代中国特色社会主义思想。这一思想在实践基础上，对中国特色社会主义事业所有主要问题作了符合事实的新解答，是习近平总书记治国理政新理念新思想新战略的完整体系和全方位展开，是全党全国人民为实现中华民族伟大复兴而奋斗的行动指南，为21世纪马克思主义理论宝库增加了新的精神财富。[1]

二、进入新时代的深刻意蕴

党的十九大报告指出，中国特色社会主义进入新时代，意味着近代以来久经磨难的中华民族实现了从站起来、富起来到强起来的历史性飞跃，意味着社会主义在中国焕发出强大生机活力并不断开辟发展新境界，意味着中国特色社会主义拓展了发展中国家走向现代化的途径，为解决人类问题贡献了中国智慧、提供了中国方案。这一重要论断思想丰富深邃、意义重大，对于中国特色社会主义的坚持和发展而言，只有首先清醒地认知方位，才有可能推进理论创新，提出合理目标，作出科学规划。

从党的历史来看，在不同历史时期，由于社会历史条件、国际国内关系变化，国内主要矛盾就会发生变化，我们面临的形势、任务和奋斗目标也会随之发生变化。由于面临的主要矛盾不同，革命的对象和任务不同，

[1] 张万杰、尚金州：《新时代新方位引领中国阔步前行》，光明网，2017年10月23日。

斗争的策略和方法也不同。解放战争胜利后，在七届二中全会上，毛泽东科学地分析判断了党和国家面临的形势任务发生的新变化，提出党的工作重心由农村转移到城市，中国共产党从革命党向执政党转变。新中国成立后，我们党创造性地开辟了一条适合中国特点的社会主义改造道路，到1956年，全国绝大部分地区基本上完成了对生产资料私有制的社会主义改造，社会主义制度在我国已经基本上建立起来，这时“国内主要矛盾已经不再是工人阶级和资产阶级的矛盾，而是人民对于经济文化迅速发展的需要同当前经济文化不能满足人民需要的状况之间的矛盾；全国人民的主要任务是集中力量发展社会生产力，实现国家工业化，逐步满足人民日益增长的物质和文化需要”。十一届三中全会之后，我国实行改革开放，走上了中国特色社会主义道路。党的十一届六中全会通过的《关于建国以来党的若干历史问题的决议》强调，“党和国家工作的重点必须转移到以经济建设为中心的社会主义现代化建设上来，大大发展社会生产力，并在这个基础上逐步改善人民的物质文化生活”。党的十一届三中全会以来，我们在总结历史经验教训的基础上逐步找到了一条适合国情的中国特色社会主义道路。实践证明，这条道路是一条成功的现代化与民族复兴之路。改革开放40年来，伴随着中国特色社会主义的持续发展，中国社会和中华民族也在持续发生着广泛而深刻的变化。特别是党的十八大以来，我们党提出一系列新理念新思想新战略，出台一系列重大方针政策，推出一系列重大举措，推进一系列重大工作，解决了许多长期想解决而没有解决的难题，办成了许多过去想办而没有办成的大事，推动党和国家事业发生历史性变革。党的十九大从十个方面系统梳理了各个领域的成就，从发展的眼光来看，这种成就和变革，必然会推动中国特色社会主义通过新质的产生与积累逐步发展升级从而进入新时代。正是在此重大变革认识基础上,我们党作出“中国特色社会主义进入了新时代”的战略判断。

在党的十九大报告中，习近平总书记用“三个意味着”和“五个时代”集中阐述了中国特色社会主义进入新时代的深刻意蕴，从三个维度深刻揭示了中华民族走向伟大复兴的历史逻辑、科学社会主义的发展逻辑、现代化道路的中国逻辑，具有重大而深远的理论意义和实践意义。

第一个“意味着”强调历史维度：中国特色社会主义进入新时代，意味着近代以来久经磨难的中华民族迎来了从站起来、富起来到强起来的伟大飞跃，迎来了实现中华民族伟大复兴的光明前景。站起来、富起来、强起来实际上表明近现代以来中华民族命运的逐步改变与中国现代化进程的质的跃迁，勾勒出中华民族在中国共产党领导下走向伟大复兴的路线图。这幅路线图是中国共产党带领人民用鲜血、汗水、泪水绘就的，充满了苦难与辉煌、曲折与胜利、付出与收获，是中华民族历史上不能忘却、不容否定的壮丽篇章。它凸显出一条历史逻辑：历史和人民选择中国共产党领导中华民族伟大复兴事业是正确的，必须长期坚持、永不动摇。如果说富起来侧重经济，强起来则更多地涉及全面，是现代化各要素之间结构的优化与整体功能的升级。如果说富起来很大程度还要追求发展的数量与速度，强起来则更强调发展的质量，表明中国的现代化达到了更高的层次与程度。全党要更加紧密地团结在以习近平同志为核心的党中央周围，不忘初心、继续前进，带领全国人民夺取全面建成小康社会的伟大胜利，进而朝着建设社会主义现代化国家的目标奋力前行。

第二个“意味着”强调主义维度：意味着科学社会主义在21世纪的中国焕发出强大生机活力，在世界上高高举起了中国特色社会主义伟大旗帜，强调科学社会主义在中国进而中国特色社会主义在世界焕发出强大的生机活力，由低潮向高潮迈进，我们站在了使社会主义焕发强大生机活力的新的历史起点上。中国特色社会主义所取得的伟大成就，是遵循科学社会主义发展逻辑的结果，这一逻辑就是马克思主义普遍原理与本国实际相结合。

推进中国特色社会主义实践创新、理论创新和制度创新，要求我们努力掌握、自觉运用科学社会主义的发展逻辑。从理论上看，矛盾的普遍性和特殊性的辩证关系是其哲学基础，正如马克思、恩格斯在《共产党宣言》中指出的，“不管最近25年来的情况发生了多大变化，这个《宣言》中所阐述的一般原理整个说来直到现在还是完全正确的……这些原理的实际运用，正如《宣言》中所说的，随时随地都要以当时的历史条件为转移”。[1] 就实践而言，苏联模式之所以归于失败，就在于它背离了科学社会主义的发展逻辑，使社会主义成为僵化的教条，窒息了社会主义的生机活力。中国特色社会主义之所以能够不断开拓前进，就在于它是科学社会主义理论逻辑和中国社会发展历史逻辑的辩证统一，是植根于中国大地、反映中国人民意愿、适应中国和时代发展进步要求的科学社会主义。

第三个“意味着”强调世界维度：意味着中国特色社会主义道路、理论、制度、文化不断发展，拓展了发展中国家走向现代化的途径，我国现代化建设实现了由依附性到主体性、由跟跑到领跑的提升，站在了真正确立中国特色社会主义自主性的新的历史起点上，给世界上那些既希望加快发展又希望保持自身独立性的国家和民族提供了全新选择，为解决人类问题贡献了中国智慧和中国方案。“二战”结束后，实现现代化成为人类社会面对的主要课题。由于西方国家走在世界现代化前列，所以“西方中心论”在很长一段时间内掌握着现代化的国际话语权。一些学者认为，发展中国家只有按照西方的发展模式、模拟欧美国家的经济起飞路径，才能斩断贫困与落后的因果链条，实现现代化。然而，按照这种理论行事，众多发展中国家并没有取得预想的结果。20世纪90年代以来，世界现代化进程经历了一系列重大事件，进一步冲击了西方现代化理论。一些移植欧美道路的

[1] 康树元：《重温〈共产党宣言〉学习中国特色社会主义理论》，人民网，2011年10月18日。

国家在金融风暴冲击下陷入发展陷阱，尤其是西方发达国家屡遭发展危机，西方现代化理论的解释力持续下降。改革开放之初，我国的现代化建设一定程度上对西式现代化具有某种依附性，具有“跟跑”特点。随着我国改革开放进一步推进，我国现代化建设开始超越“西式现代化模式”，注重内生性、独立性、自主性，从而使我国现代化建设具有了内在成长即内生的主体性和影响力，依靠中国特色社会主义创造了中国奇迹，打破了所谓“现代化就是西方化”的错误认知；用和平发展的中国方案，打破了西方“国强必霸”的强权逻辑，彰显了现代化道路中国逻辑的强大生命力和亲和力。中国特色社会主义现代化的成功探索，不仅彻底改变了中国的前途命运，而且为发展中国家实现现代化提供了生动可行的实践蓝本，具有十分重要的借鉴意义。[1] 正如习近平总书记所说：“解决好民族性问题，就有更强能力去解决世界性问题；把中国实践总结好，就有更强能力为解决世界性问题提供思路和办法。这是由特殊性到普遍性的发展规律。”这是对中国现代化道路世界意义的科学诠释。

三、进入新时代的论断依据

时代是表述特定社会历史阶段的范畴，不同时代有不同内涵。我们坚持和发展中国特色社会主义，面对的最大国情是我国正处于并将长期处于社会主义初级阶段。但是，社会主义初级阶段是一个很长时期，其特点不可能不发生某些阶段性变化。因此，在社会主义初级阶段这个长历史过程中，我国社会主要矛盾也必然随着社会发展而变化。与时俱进地对中国特色社会主义所处的历史方位作出清醒判断，是我们党领导人民不断开创中国特色社会主义新局面的必然要求，也是党的创造力、领导力的具体体现。

[1] 参见李海青：《全面深刻把握中国特色社会主义进入新时代的本质内涵》，中国社会科学网，2017 年 10 月 23 日。

就中国特色社会主义进入新时代的依据来看，党的十九大所讲的“历史性成就”“历史性变革”及其“历史性影响”，回答了中国特色社会主义新时代“从何而来”的问题。

“历史性成就”是中国特色社会主义进入新时代的第一个根据。既指“经过长期努力”，“推动我国国际地位实现前所未有的提升，党的面貌、国家的面貌、人民的面貌、军队的面貌、中华民族的面貌发生了前所未有的变化”，也指“解决了许多长期想解决而没有解决的难题，办成了许多过去想办而没有办成的大事”。这些历史性成就是全方位的、开创性的。

“历史性变革”是中国特色社会主义进入新时代的第二个根据。这种变革从生产力到生产关系、从经济基础到上层建筑、从国内到国际全方位地展开了：在生产力上，由“要素驱动、投资规模驱动”走向更加注重“创新驱动”；在生产关系上，由“让一部分人先富起来”走向更加注重“共同富裕”“使全体人民共享发展成果”;在国家权力运作方式上,由“国家主导”走向在中国共产党人领导下更加注重“推进国家治理体系和治理能力现代化”；在社会发展水平上，由注重重点突破的非均衡发展走向更加注重全面协调发展；在对外开放和国际战略上，由“回应挑战”走向更加“积极参与全球治理、构建人类命运共同体”。这种历史性变革是深层次的、根本性的。

“历史性影响”是中国特色社会主义进入新时代的第三个根据。历史性影响最鲜明、最集中的体现为社会主要矛盾的转化。从理论逻辑来看，社会主要矛盾反映和体现着一定历史方位中人民的需要方状况、社会的供给方状况和供给满足需要的状况，这三方面的总体状况反映和体现着一个社会的整体发展状况。从历史逻辑来看，历史方位的转变必然带来社会主要矛盾的转化。人民日益增长的物质文化需要同落后的社会生产之间的矛盾，是我国“欠发展”这一历史方位中的主要矛盾，而人民日益增长的美好生活需要和不平衡不充分的发展之间的矛盾，则是我国“发展起来以后”这一新的历史方位中的主要矛盾。从现实逻辑来看，党的十八大以来，人民的总体需要发生了部分质变，由人民日益增长的物质文化需要升级为人民日益增长的美好生活需要；供给方也发生了部分质变，由落后的社会生产转化为不平衡不充分的发展。正是社会主要矛盾的这种转化，推动我国由“欠发展”这一历史方位进入“发展起来以后”这一新的历史方位，进而推动中国特色社会主义进入新时代。

四、进入新时代的奋斗目标

党的十九大在强调中国特色社会主义进入新时代三个“意味着”的同时，也指出了中国特色社会主义新时代的“五个时代”。“五个时代”的表述一方面是中国特色社会主义进入新时代的历史方位，同时又是指明了中国特色社会主义进入新时代的奋斗目标，系统回答了中国特色社会主义进入新时代“向何处去”的问题。

一是继续夺取中国特色社会主义伟大胜利的时代。中国特色社会主义是改革开放以来党的全部理论和实践的主题。中国特色社会主义是在实践中不断发展变化的生命体，经历了一个发展历程。迄今为止，我们大体可以把中国特色社会主义发展历程划分为三个阶段：第一个阶段是从十一届三中全会、党的十二大到党的十五大，党形成和确立了邓小平理论，解决了人民温饱问题，人民生活总体上达到小康水平。第二个阶段是从党的十五大到党的十七大，我们党形成和确立了“三个代表”重要思想和科学发展观，走上全面建设小康社会新征程。第三个阶段是自党的十八大以来，中国特色社会主义进入新时代，我们党形成和确立了习近平新时代中国特色社会主义思想，进入决胜全面建成小康社会关键时期进而开启全面建设社会主义现代化国家新征程。因此，中国特色社会主义新时代是“承前启后、继往开来、在新的历史条件下继续夺取中国特色社会主义伟大胜利的时代”。要继续夺取中国特色社会主义伟大胜利，就必须坚持、完善和发展中国特色社会主义制度，推进国家治理体系和治理能力现代化。

二是决胜全面建成小康社会、进而全面建设社会主义现代化强国的时代。中国改革经历了一个从小变化到中变化再到大变化的加速发展进程。1985 年 9 月，邓小平说:“现在人们说中国发生了明显的变化。我对一些外宾说，这只是小变化。翻两番，达到小康水平，可以说是中变化。到下世纪中叶，能够接近世界发达国家的水平，那才是大变化。到那时，社会主义中国的分量和作用就不同了，我们就可以对人类有较大的贡献。”中国特色社会主义事业经过小变化、中变化的长期积累，已经迎来了大变化。在综合国力、国际影响力和人民获得感显著提升的基础上，党的十九大制定了新时代中国特色社会主义发展的战略安排，即 2020 年全面建成小康社会，2035 年基本实现社会主义现代化，本世纪中叶建成富强民主文明和谐美丽的社会主义现代化强国。因此，中国特色社会主义新时代是“决胜全面建成小康社会、进而全面建设社会主义现代化强国的时代”。

三是全国各族人民团结奋斗、不断创造美好生活、逐步实现全体人民共同富裕的时代。中国特色社会主义进入新时代的重要标志和基本依据就是中国社会主要矛盾发生了深刻变化。之前关于中国社会主要矛盾是“人民日益增长的物质文化需要同落后的社会生产之间的矛盾”的表述，说明了我们那时面对的问题主要是“生产、生活资源”等“有没有”的问题，解决的是“短缺问题”，是“怎么发展起来”的问题；党的十九大关于中国社会主要矛盾的表述则说明了我们当今面对的问题主要是“生产、生活资源”等“好不好”的问题，解决的是“品质问题”，是“怎样更好地发展”的问题。无论是对于社会还是个人，事情起初都并非如“从海洋中诞生的维纳斯”那般完美，而总是有一个“先有后好”的问题。只有解决了“有没有”问题，才谈得上“好不好”问题。党的十八大以后，我们强调坚持走共同富裕道路，使全体人民共享发展成果。党的十九大又进一步明确强调，我们党要带领全体中国人民不断创造美好生活，逐步实现全体人民共同富裕。

四是奋力实现中华民族伟大复兴中国梦的时代。鸦片战争后，中国陷入了内忧外患的黑暗境地。实现中华民族伟大复兴从此成为近代以来中华民族最伟大的梦想。为此，中国社会掀起了洋务运动、戊戌变法、辛亥革命等一系列民族自救和革新运动，但都未能改变旧中国的社会性质和人民的悲惨命运。其根本原因是没有找到实现中华民族伟大复兴的正确道路。中国共产党一经成立，就义无反顾肩负起实现中华民族伟大复兴的历史使命。正是在中国共产党的领导下，中国人民彻底推翻了帝国主义、封建主义、官僚资本主义三座大山，完成了新民主主义革命，建立了新中国，实现了中国从几千年封建专制统治向人民民主的伟大飞跃；成功进行社会主义革命，确立社会主义基本制度，完成了中华民族有史以来最为广泛而深刻的社会变革，为当代中国一切发展进步奠定了根本政治前提和制度基础；成功进行改革开放新的伟大革命，使中华民族迎来了从站起来、富起来到强起来的伟大飞跃，迎来了实现中华民族伟大复兴的光明前景。

五是我国日益走近世界舞台中央、不断为人类作出更大贡献的时代。经过 40 年的改革开放，中国特色社会主义事业取得了举世瞩目的伟大成就，使中国大踏步赶上时代，实现了从“跟跑”到“并跑”和“领跑”的华丽转身。党的十八大以来，我国经济持续保持中高速增长，经济总量稳居世界第二，对全球经济增长的贡献率每年均超过 30%，居世界第一位，成为推动全球经济增长的重要力量；习近平总书记提出人类命运共同体理念和“一带一路”倡议，积极推动“和平、发展、合作、共赢”的时代潮流，受到国际社会和沿线国家的热烈呼应，中国成为维护世界和平秩序、推进全球治理体系改革和全球生态文明建设的重要参与者、贡献者、引领者；中国国际文化交流空前活跃，不断讲述中国故事，为世界展现了一个真实、立体、全面的中国，中国文化的世界影响力、感召力显著增强。中国特色社会主义拓展了发展中国家走向现代化的途径，给世界上那些既希望加快发展又希望保持自身独立性的国家和民族提供了全新选择，为解决人类问题贡献了中国智慧和中国方案。

五、进入新时代的伟大意义

在党的十九大报告中，习近平总书记提出了“三个意味着”，既是对中国特色社会主义进入新时代的深刻内涵的表述，同时也指出了中国特色社会主义进入新时代的伟大意义。

从对中华民族伟大复兴的伟大意义来看，中国特色社会主义迈进新时代，表明中国特色社会主义道路是富国之路、强国之路，是中华民族实现伟大复兴的必由之路。1840 年的一声炮响，宣告了中国半殖民地半封建社会的开始，政治腐败、经济落后、积贫积弱、民不聊生成为旧中国的常态，中国成为西方列强蹂躏的对象。为走上民族复兴、国家富强之路，中国人民进行了艰辛探索。历经洋务运动、戊戌维新、辛亥革命等多次变革或革命，际会各种学说和政治主张，但都没有找到民族复兴的正确道路。只有信奉马克思主义、主张建立社会主义和共产主义社会的中国共产党最终找到了救国强国的正确道路，领导团结带领中国人民经过革命斗争，建立了新中国，中华民族获得了独立和解放，实现了中国人民从此站起来了的伟大历史转折。新中国成立后，中国社会主义制度的确立和社会主义建设实践，为开创中国特色社会主义提供了宝贵经验、理论准备和物质基础，实现中华民族伟大复兴迈出了坚实步伐。随着中国特色社会主义道路的开创和中国特色社会主义的发展，中华民族迅速实现了从站起来到富起来、强起来的历史性飞跃。这充分表明，中国特色社会主义道路是实现中华民族伟大复兴的必由之路、正确之路，是建设富强、民主、文明、和谐、美丽的现代化强国的必由之路、正确之路，我们有充分的理由坚持“四个自信”。当前，我们比历史上任何时期都更接近、更有信心和能力实现中华民族伟大复兴的目标，这是中国特色社会主义的胜利，我们必须继续坚持这条来之不易的道路，坚持和发展中国特色社会主义。

从科学社会主义理论的继承和发展的伟大意义来看，体现为理论意义和实践意义两个层面。就理论意义而言，中国特色社会主义与科学社会主义学说存在理论渊源关系，中国特色社会主义理论同科学社会主义理论一脉相承，中国特色社会主义实践是科学社会主义理论基本原则在中国的实践运用。中国特色社会主义进入新时代，意味着科学社会主义理论在中国焕发了生机，意味着马克思主义在中国的胜利，意味着马克思主义作为一种科学的理论体系具有巨大的生命力，意味着马克思主义在当代中国得到了很好的继承、发展和创新。就实践意义而言，国际共产主义运动自苏东剧变以来便陷入低潮，中国特色社会主义进入新时代，表明社会主义、共产主义的“幽灵”依然在世界上空徘徊，表明社会主义、共产主义运动的历史并没有“终结”，社会主义实践在中国取得了胜利，并产生了广泛的国际影响，彰示着科学社会主义理论的光明前景。

从推进人类社会文明进步的伟大意义来说，拓展了发展中国家走向现代化的途径，为解决人类问题贡献了中国智慧和中国方案。当今世界是开放的世界，考察中国特色社会主义进入新时代的意义，需要把中国特色社会主义建设放到“地球村”的层面去考量，放到整个人类社会文明发展进程中去考察，放到经济全球化过程中去考察。中国特色社会主义迈进新时代，首先表明，通往现代化的道路，不是只有一条，不是只有西方的发展道路，而是可以有也应该有不同的道路。中国特色社会主义进入新时代，拓展了发展中国家走向现代化的途径，给世界上那些既希望加快发展又希望保持自身独立性的国家和民族提供了全新选择，为解决人类问题贡献了中国智慧和中国方案。中国特色社会主义成功了，成功来自于中国共产党的坚强而稳定的政治领导力量，来自于党基于准确把握基本国情而制定和长期坚持的正确的基本路线，来自于改革稳定发展的一系列坚韧不拔的努力，来自于不断加强和完善的民主法治建设和国家治理体系与治理能力的现代化。还有一点特别重要的经验，那就是，一个国家选择什么样的发展道路，实行什么样的社会制度，必须尊重社会发展规律，尊重人民的意愿，从本国实际出发加以确定。书本上的理论可用于指导，外国的经验可拿来参考，但不能照抄照搬。世上没有放之四海而皆准的制度模式，成功的要义在于走自己的路。尽管我们仍在前进的征程之中，尽管我们的制度体系还需进一步改革完善，但科学社会主义无疑在中国已经取得巨大成功，这对全世界，特别是对广大发展中国家探索发展道路提供了更多的选择，对人类文明进步事业不能不说是一大贡献。中国的成功引起世界广泛瞩目，发展中国家更是投以羡慕和期待目光，许多国家希望从中汲取有助于自身发展的秘笈良方。[1] 此外，中国是一个东方大国，是一个发展中国家，是国际社会的重要组成部分，人口占全世界的很大一部分。中国通过走中国特色社会主义道路，解决了中国人的温饱问题、小康问题及其他社会问题、环境问题等，这本身就是对世界和平发展稳定、对世界文明进步的一大贡献。

同时，中国特色社会主义进入新时代，意味着中国日益走近世界舞台中央，意味着世界和平发展力量的增强，中国将为人类进步事业作出更大贡献。中国共产党是为中国人民谋幸福的政党，也是为人类进步事业而奋

[1] 韩志强：《中国特色社会主义进入新时代的世界意义》，《学习时报》2017 年 11 月 13 日。

斗的政党，这体现了中国共产党作为无产阶级政党的国际主义立场和中华民族以天下为己任的崇高情怀。长期以来，我们在致力于维护自身安全与发展的同时，积极为世界和平发展贡献智慧和力量。党的十八大以来，中国特色大国外交全面推进，面对国际形势的大发展大变革大调整和世界各国要和平、谋发展的共同需要，我国积极参与解决国际地区热点问题，引导全球治理，积极提出中国倡议和中国方案，国际影响力、感召力、塑造力进一步提高。党的十九大把明确中国特色大国外交要推动构建新型国际关系，推动构建人类命运共同体纳入习近平新时代中国特色社会主义思想之中，并阐明了其具体内涵，即“相互尊重，公平正义，合作共赢”的新型国际关系和“持久和平、普遍安全、共同繁荣、开放包容、清洁美丽”的世界。这既是对新时代中国特色大国外交目标的权威阐释，也向世界亮明了中国外交的追求和理想。这些外交理念站在人类历史发展进程的高度，超越国家和社会制度的异同，反映世界各国共同利益和普遍期待，得到国际社会的广泛欢迎和支持，已多次被写入联合国文件。可以期待，伴随着我国国际影响力的不断提升和中国特色大国外交的不断推进，构建人类命运共同体由理念到实践，必将不断开花结果，造福中国人民，造福世界人民。[1]

此外，中国特色社会主义进入新时代，还昭示着我国发展有更加美好光明的前景。中国特色社会主义进入新时代，为未来一个时期中国的发展奠定了坚实的、良好的基础。习近平总书记在十九大报告中非常乐观地、自信地研判道:“这个新时代，是承前启后、继往开来、在新的历史条件下继续夺取中国特色社会主义伟大胜利的时代，是决胜全面建成小康社会、进而全面建设社会主义现代化强国的时代，是全国各族人民团结奋斗、不

[1] 韩志强：《中国特色社会主义进入新时代的世界意义》，《学习时报》2017年11月13日。

断创造美好生活、逐步实现全体人民共同富裕的时代，是全体中华儿女勠力同心、奋力实现中华民族伟大复兴中国梦的时代，是我国日益走近世界舞台中央、不断为人类作出更大贡献的时代。”很显然，沿着中国特色社会主义道路继续前进，经过全国人民的努力奋斗，必将建成富强民主文明和谐美丽的现代化强国，必将实现中华民族伟大复兴的中国梦，必将以更加昂扬的姿态屹立于世界民族之林，活跃在世界舞台的中央。

当然，我们也必须认识到，尽管中国特色社会主义进入了新时代，我国的社会主要矛盾也发生了转化，但我国仍处于并将长期处于社会主义初级阶段的基本国情没有变，我国是世界最大发展中国家的国际地位没有变。我们必须看到，进入新时代，我们必然面临一系列新矛盾、新问题、新挑战。因此，我们必须居安思危、知危图进。我们必须以习近平新时代中国特色社会主义思想为指导，不断进行理论创新和实践创新，不断攻坚克难，不断开拓进取，不断开辟中国特色社会主义发展新境界。

第三章

新矛盾怎么看

◇ 新时代社会主要矛盾发生转化

◇ 社会主要矛盾转化是符合当代中国国情的科学论断

◇ 新时代社会主要矛盾论断的重大意义

◇ 社会主义初级阶段基本国情没有变

◇ 筑牢党和人民奋斗的生命线

◇ 依靠发展解决社会主要矛盾

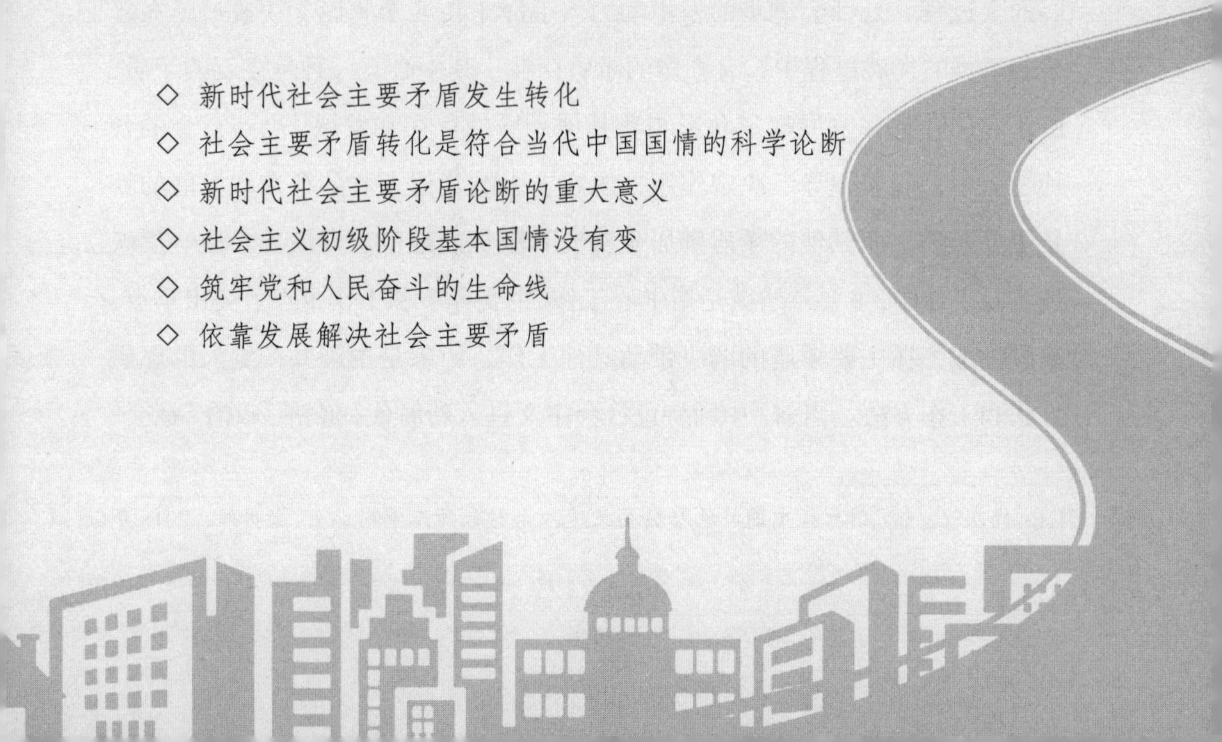

党的十九大报告指出："中国特色社会主义进入新时代，我国社会主要矛盾已经转化为人民日益增长的美好生活需要和不平衡不充分的发展之间的矛盾"，"我国社会主要矛盾的变化是关系全局的历史性变化"。同时又强调："我国社会主要矛盾的变化，没有改变我们对我国社会主义所处历史阶段的判断，我国仍处于并将长期处于社会主义初级阶段的基本国情没有变，我国是世界最大发展中国家的国际地位没有变。"社会主要矛盾转化集中反映出我国社会发展新的阶段性特征，是党和国家大政方针、长远战略的重要依据。坚持不忘初心、牢记使命，就是既要看到我国社会发展中的"变"，又要看到"不变"，辩证把握"变"与"不变"的实质和要求，着力解决好当前我国社会发展存在的问题，促进社会的平衡、充分发展。

一、新时代社会主要矛盾发生转化

唯物辩证法告诉我们，矛盾无时不在、无处不在，存在于经济社会发展的全过程，是社会进步的根本动力。毛泽东在《矛盾论》中说过，在复杂的事物的发展过程中，有许多的矛盾存在，其中必有一种是主要的矛盾，由于它的存在和发展规定和影响着其他矛盾的存在和发展。[1] 在社会的各种矛盾中，起着领导、决定作用，规定、影响其他矛盾的存在和发展的就是主要矛盾，而其他的矛盾则居于次要和服从的地位，即次要矛盾。反映到实际工作中，主要矛盾就是指中心工作、主要环节和工作重点。突出重点、兼顾一般，抓主要矛盾的解决带动其他工作，历来是中国共产党人的思想方法和工作方法。当前，中国特色社会主义进入新时代，经济、政治、社会、

[1] 尚庆飞：《深刻把握中国特色社会主义进入新时代的三重内涵》，光明网，2018年6月12日。

文化、生态文明建设和党的建设面临各项前所未有的机遇和挑战，各项事务纷繁复杂，各种矛盾纵横交织。我们只有集中力量找出主要矛盾，才能找到解决复杂问题的重点。

事物是运动的，矛盾是发展的，社会的主要矛盾也不是一成不变的。新中国成立以来，我们党对社会主要矛盾的判断就有一个曲折的变化过程。1956年党的八大指出，生产资料私有制的社会主义改造基本完成以后，国内的主要矛盾已经不再是工人阶级和资产阶级之间的矛盾，而是人民对于建立先进的工业国的要求同落后的农业国的现实之间的矛盾，是人民对于经济文化迅速发展的需要同当前经济文化不能满足人民需要的状况之间的矛盾。这一矛盾的实质，就是先进的社会制度同落后的社会生产力之间的矛盾。但不久“左”的错误思想不断发展，到1962年党的八届十中全会，把无产阶级同资产阶级的矛盾确定为整个社会主义历史阶段的主要矛盾，强调要“以阶级斗争为纲，阶级斗争必须年年讲、月月讲、天天讲”。党的十一届三中全会拨乱反正，停止使用“以阶级斗争为纲”的口号，作出了把工作重点转移到社会主义现代化建设上来的战略决策。1981年党的十一届六中全会对我国社会的主要矛盾表述为：“在社会主义改造基本完成以后，我国所要解决的主要矛盾，是人民日益增长的物质文化需要同落后的社会生产之间的矛盾。”党的十二大、十三大确认了这一提法，并把它载入党章总纲，确定为我国社会主义初级阶段的主要矛盾。这个提法一直沿用，比如十八大报告提出，“人民日益增长的物质文化需要同落后的社会生产之间的矛盾这一社会主要矛盾没有变”。

历史发展到今天，中国特色社会主义进入了新时代，这是我国发展新的历史方位。改革开放以来，我们一直强调我国社会的主要矛盾是人民日益增长的物质文化需要同落后的社会生产之间的矛盾。正是基于这一认知，我们把解放和发展社会生产力，不断改善人民生活作为社会主义的根本任务，并制定了解决温饱与实现小康的战略规划。时至今日，我国已经稳定解决了十几亿人的温饱问题，总体上实现小康，不久将全面建成小康社会。与之相应，人民的美好生活需要日益广泛，不仅对物质文化生活提出了更高要求，而且在民主、法治、公平、正义、安全、环境等方面的要求日益增长。同时，我国社会生产力水平总体上显著提高，社会生产能力在很多方面进入世界前列，更加突出的问题是发展不平衡不充分，这已经成为满足人民日益增长的美好生活需要的主要制约因素。在这种情况下，人民的需求侧和生产的供给侧都发生了深刻的变化，人民日益增长的美好生活需要和不平衡不充分的发展之间的矛盾已开始成为我国社会的主要矛盾。党的十九大作出我国社会主要矛盾已经发生变化的判断，正是基于中国国情的科学判断。

首先，“落后的社会生产”已不再是中国的现实。习近平总书记在党的十九大报告中指出，改革开放以来，我们党团结带领全国各族人民不懈奋斗，推动我国经济实力、科技实力、国防实力、综合国力进入世界前列，推动我国国际地位实现前所未有的提升，党的面貌、国家的面貌、人民的面貌、军队的面貌、中华民族的面貌发生了前所未有的变化。现在我国经济保持中高速增长，在世界主要国家中名列前茅，GDP 已经到 80 万亿元，稳居世界第二，对世界经济增长贡献率超过 30%。城镇化不断进展，城镇化率已经达到 57.35%。创新驱动发展战略大力实施，创新型国家建设成果丰硕，天宫、蛟龙、天眼、悟空、墨子、大飞机等重大科技成果相继问世。开放型经济新体制逐步健全，对外贸易、对外投资、外汇储备稳居世界前列。我国科技不断进步，装备生产日益完善，现在是世界第一工业大国、第一服务业大国、第一贸易大国。现在中国经济的问题是产能过剩，而不再是短缺。这样的国情，“落后的社会生产”已经不符合现实了。

其次，“人民日益增长的物质文化需要”转变为“人民日益增长的美好生活需要”。党的十八大以来，我国人民生活不断改善。城乡居民收入增速超过经济增速，中等收入群体持续扩大。覆盖城乡居民的社会保障体系基本建立，人民健康和医疗卫生水平大幅提高，保障性住房建设稳步推进。脱贫攻坚战取得决定性进展，6000多万贫困人口稳定脱贫，贫困发生率从10.2%下降到4%以下。中国的人均GDP超过8000美元，已经达到中等收入国家水平。以前那种文化娱乐生活贫乏的现象没有了，数百个电视频道、海量的网络信息、休闲娱乐生活丰富多彩。人们的温饱解决了，基本的生存需要已经不是问题，一般性的物质和文化需求已经得到满足，正在转向追求更加美好生活的新期待。正像习近平总书记在十九大报告中指出，“我国稳定解决了十几亿人的温饱问题，总体上实现小康，不久将全面建成小康社会”。这就是主要矛盾发生变化的前提和基础。

同时，还要看到，今天经济社会发展还存在“不平衡不充分”的状况。不平衡，主要指民生领域还有不少短板，脱贫攻坚任务艰巨，城乡区域发展和收入分配差距依然较大。比如,居民收入不平衡,特别是城乡收入差距，农村和欠发达地区的收入水平赶不上发展水平；地区之间同样不平衡，东部发达地区、特大城市的收入较高，中西部欠发达地区和农村地区收入较低。不充分，指发展质量和效益还不高，创新能力不够强，实体经济水平有待提高，生态环境保护任重道远；群众在就业、教育、医疗、居住、养老等方面面临不少难题；社会文明水平尚需提高；社会矛盾和问题交织叠加，全面依法治国任务依然繁重，国家治理体系和治理能力有待加强。目前是蛋糕已经做大，但是蛋糕还没有分好，摆在党面前的重大课题不仅是继续做蛋糕，而且要把如何更加公平分配蛋糕摆在一个更加突出的位置。

因此，我国社会主要矛盾的变化是关系全局的历史性变化。党的十九大关于中国社会主要矛盾的判断，是基于中国国情的科学的理性的判断。这样的判断，对党和国家的工作提出了许多新要求。要在继续推动发展的基础上，着力解决好发展不平衡不充分问题，大力提升发展质量和效益，更好满足人民在经济、政治、文化、社会、生态等方面日益增长的需要，更好推动人的全面发展、社会全面进步。

二、社会主要矛盾转化是符合当代中国国情的科学论断

党的十八大提出“三个没有变”，党的十九大提出“一个变与两个没有变”，反映了中国特色社会主义进入新时代所具有的新特征。这里的“变”与“没有变”，是符合当代中国国情的科学论断，集中体现了党中央牢牢把握国情特征、妥善应对深刻复杂变化的大局观，展现出我们党始终带有强烈责任担当，又始终保持头脑冷静、脚踏实地的务实作风。

我国社会主要矛盾转化关系全局，具体体现在十个方面：由不发达状态逐步转变为中等发达状态；全体人民发展能力、发展水平不断提高；贫困人口占总人口比重持续下降，最终消除贫困人口；从贫困到温饱，从小康水平到小康社会，再到全体人民共同富裕，人民生活水平不断提高；从传统农业国转变到实现工业化、信息化、城镇化、现代化；由农业人口占很大比重、主要依靠手工劳动，逐步转变为非农业人口占多数、现代农业和现代服务业占主导；区域发展差距由扩大到逐步缩小；由文盲半文盲占很大比重，科技教育落后，逐步转变为世界教育大国与科技创新之国；人与自然之间的生态差距开始转向缩小；同世界先进水平差距不断缩小，为实现“两个一百年”奋斗目标奠定了更高的基础。

但是，我国社会主义初级阶段的基本国情没有变，发展不平衡不充分的一些突出问题尚未解决。今天中国发生天翻地覆、举世瞩目的变化，但仍处于社会主义初级阶段。我国社会生产力水平总体上显著提高，社会生产能力在很多方面进入世界前列，但社会服务能力、科技创新能力、文化生产能力、生态生产能力等发展不平衡不充分，这已经成为满足13亿多人

民日益增长的美好生活需要的主要制约因素。这表明，新时代中国特色社会主义仍然是要进一步摆脱不发达因素，始终坚持解放和发展社会生产力，才能全面实现社会主义现代化。

党的十八大以来，我国国际地位实现前所未有的提升，日益走近世界舞台中央，但我国是最大发展中国家的国际地位没有变。这是因为，我国经济总量已居世界第二，但人均国内生产总值仍排名第九十位左右；我国是世界上人口最多的国家，但人类发展指数在 188 个国家和地区中排名第九十位；我国劳动生产率仍与美国有相当大的差距；由于我国人口多、人均资源占有量少、生态基础薄弱等基本国情，发展的硬约束条件没有变；我们也正在面临一些新的重大挑战，如人口老龄化与少子化，能源供给约束等。这也意味着我国不仅要加快追赶发达国家，而且还要超越发达国家现代化模式，在更高、更新、更绿的起点上创新现代化道路。

总之，“一个变与两个没有变”是中国从世界大国向世界强国转变的国情基础。正是因为中国社会主要矛盾发生转化，中国将转向高质量发展、创新发展，满足人民多样化需求，促进实现全面现代化；正因为中国仍处于社会主义初级阶段，中国的发展才可以为世界提供巨大机遇，综合国力和国际影响力将实现持续提升；也正因为中国仍然是世界最大发展中国家，中国必须加强同发展中国家团结合作，积极推动全球范围内的南北公平发展、平衡发展，拓展发展中国家走向现代化道路。只有世界发展中国家和最不发达国家发展了，中国才能得到更大的发展；只有世界发展中国家繁荣了，中国才能得到更大的繁荣；只有世界发展中国家富裕了，中国才能得到更大的富裕。[1]

[1] 胡鞍钢、王洪川：《符合当代中国国情的科学论断（国际论坛）》，《人民日报》2017 年 10 月 27 日。

三、新时代社会主要矛盾论断的重大意义

正确认识和把握我国在不同发展阶段的社会主要矛盾，是确定党和国家中心任务、推动社会发展进步的重要前提。党的十九大作出新时代我国社会主要矛盾发生转化的重大判断，具有重要的理论价值、重大的现实意义和深远的历史意义。

提出新时代我国社会主要矛盾，是党的理论创新的重大成果，是科学社会主义理论的重大发展，具有重要的理论价值。马克思和恩格斯曾有过关于事物矛盾问题的重点论，及蕴含于其中的矛盾发展不平衡性思想，列宁在此基础上提出帝国主义矛盾发展不平衡理论。毛泽东首先完整提出主要矛盾、社会主要矛盾概念，并全面系统地论述中国近代以来的社会主要矛盾问题。党的十一届三中全会以来，邓小平在对国际社会主义运动和中国社会主义实践的反思中，对社会主义社会基本矛盾理论进行了创新和发展，正确认识和把握了改革开放新时期中国社会的主要矛盾，丰富和发展了马克思主义矛盾学说。我们党是马克思主义政党，始终坚持把马克思主义基本原理与中国国情和时代特征相结合，与时俱进推动理论创新发展。当今中国，党和国家事业发生历史性变革，中国特色社会主义进入新时代，对社会主要矛盾的准确把握成为执政党必须面对的重大时代课题。党的十九大对社会主要矛盾变化作出的重大判断，抓住了新时代中国基本国情的主要特征，是习近平新时代中国特色社会主义思想的重要内容。这一重要论断，拓展了马克思主义理论的视野，是科学社会主义理论的重大发展。

提出新时代我国社会主要矛盾，为制定新时代中国特色社会主义的新思路、新战略、新举措提供了基本依据，具有重大现实意义。对社会主要矛盾的认识是党和国家制定正确路线方针政策的基础，是党确立发展理念、制定发展战略的关键。对“人民日益增长的美好生活需要”的判断，有助

于党和国家更加全面分析和把握多方面、多样化、个性化、多变性、多层次的人民需要，更好地坚持以人民为中心的发展思想，不断满足人民群众追求美好生活的各项需求，与时俱进地研究分析人民群众需要的时代特点和演变发展规律，制定具体的路线、方针、政策和战略；对“不平衡不充分的发展”的判断，实事求是地反映了新时代中国特色社会主义的主要问题，要求我们党和国家的大政方针据此作出重大创新发展。

提出新时代我国社会主要矛盾，是深刻总结历史经验教训、顺应中国社会发展大势的重大决策，具有深远历史意义。实践表明，能否正确地认识和把握社会主义社会的主要矛盾，并以此来确定工作重心和根本任务，事关社会主义的前途和命运。重大理论判断往往是开启发展新阶段的思想基础，是关乎全局的重大问题。进入中国特色社会主义新时代，首先就体现为正确认识当下的社会主要矛盾。经过改革开放40年的发展，我国生产力发展水平大幅提高，中国特色社会主义事业取得了巨大成就，人民生活水平得到极大提高，正是因为我们党正确分析我国基本国情，才作出新时代我国社会主要矛盾的科学判断。[1]

四、社会主义初级阶段的基本国情没有变

正确认识我国社会主义所处的历史阶段，是建设中国特色社会主义面临的基本问题，是制定和执行正确的路线、方针、政策的根本依据。党的十九大指出我国社会主要矛盾发生变化，同时又强调“我国社会主要矛盾的变化，没有改变我们对我国社会主义所处历史阶段的判断，我国仍处于并将长期处于社会主义初级阶段的基本国情没有变，我国是世界最大发展中国家的国际地位没有变”。我们既要看到新时代我国社会主要矛盾这一个

[1] 赵周贤：《新时代我国社会主要矛盾的新判断意义重大而深远》，《光明日报》2017年10月22日。

“变”，又要把握“两个没有变”，牢牢把握我国社会主义初级阶段这一最大的国情。具体说来，一方面要认识到我国正处于并将长期处于社会主义初级阶段，我国仍是世界上最大的发展中国家；另一方面要认识到我国社会主义初级阶段出现了许多新特点，中国特色社会主义进入了新的发展阶段。只有正确把握这两个方面，才能更好坚持党的基本路线，在继续推动经济发展的同时，更好解决我国社会出现的各种问题，更好实现各项事业全面发展，更好发展中国特色社会主义事业，更好推动人的全面发展、社会全面进步。

首先，必须深刻认识社会主义初级阶段理论是着眼于中国实践的重大理论创新。我国是在经济文化比较落后的基础上经由新民主主义进入社会主义的，如何把握我国社会主义所处的历史阶段，在马克思主义经典作家的著作中没有现成的答案。改革开放以来，我们党逐步创立并不断完善社会主义初级阶段理论。党的十三大召开前夕，邓小平提出：“社会主义本身是共产主义的初级阶段，而我们中国又处在社会主义的初级阶段，就是不发达的阶段。”党的十三大系统阐述了社会主义初级阶段理论，明确指出社会主义初级阶段“不是泛指任何国家进入社会主义都会经历的起始阶段，而是特指我国在生产力落后、商品经济不发达条件下建设社会主义必然要经历的特定阶段。我国从五十年代生产资料私有制的社会主义改造基本完成，到社会主义现代化的基本实现，至少需要上百年时间，都属于社会主义初级阶段。这个阶段，既不同于社会主义经济基础尚未奠定的过渡时期，又不同于已经实现社会主义现代化的阶段”。党的十三大报告还揭示了社会主义初级阶段的基本矛盾和根本任务，提出了党在社会主义初级阶段的基本路线。党的十五大明确提出了党在社会主义初级阶段的基本纲领。社会主义初级阶段理论的创立和发展，解决了经济文化比较落后的国家进入社会主义社会之后的历史方位、主要矛盾和根本任务等重大问题，与“左”

和右的错误倾向划清了界限。这是中国共产党的重大理论创新，也是中国特色社会主义理论的逻辑起点和重要组成部分。它既是对马克思列宁主义、毛泽东思想的重大发展，也是对世界社会主义的重大贡献。

其次，必须深刻认识到社会主义初级阶段仍是当今中国的最大国情和最大实际。从 20 世纪 50 年代中期至今，我国进入社会主义初级阶段已经 60 多年。经过 60 余年的发展，尤其是改革开放以来的高速发展、深化改革，我国在生产力、经济基础、上层建筑、人民生活和国际地位等方面都发生了巨大而深刻的变化，我国社会主义建设取得骄人成就，我国社会发展呈现新的阶段性特征，我国社会主义初级阶段出现了许多新特点。然而，从历史和现实、理论和实践、国内和国际等角度进行深入思考，我国现在仍处于并将长期处于社会主义初级阶段。列宁指出："只有把社会关系归结于生产关系，把生产关系归结于生产力的水平，才能有可靠的根据把社会形态的发展看作自然历史过程。"他还指出："劳动生产率，归根到底是使新社会制度取得胜利的最重要最主要的东西。"就劳动生产率而言，尽管改革开放以来我国劳动生产率有了显著提高，但与发达国家相比还有较大差距。就科技创新能力而言，尽管我国近年来在军工、航天和计算机等领域成就斐然，但总体科技创新能力仍然不强，许多关键领域的核心技术依然受制于人。就人民生活水平而言，我国广大人民的生活水平虽有显著提高并初步达到了小康标准，但还有 3000 多万农村贫困人口尚未脱贫。撇开其他方面不论，仅从经济状况来看，正如习近平总书记所指出的那样："我国仍处于并将长期处于社会主义初级阶段的基本国情没有变。"

必须准确把握社会主义初级阶段不断变化的特点，大力推进实践基础上的理论创新。恩格斯指出："所谓'社会主义社会'不是一种一成不变的东西，而应当和任何其他社会制度一样，把它看成是经常变化和改革的社会。"从量变和质变的关系来看，我国社会主义初级阶段可以划分为若干个时期，每个时期各有一定的特点。党的十八大以来，党和国家事业发生历史性变革，我国发展站到了新的历史起点上，中国特色社会主义进入了新的发展阶段。同时，我国社会主义初级阶段也进入了新的发展时期。这在经济方面的突出表现就是我国经济发展进入新常态，正在以深化供给侧结构性改革为主线，促进国民经济朝着更高质量、更有效率、更加公平、更可持续的方向发展，努力让人民群众有更多的获得感。当前，我国改革进入攻坚期，发展进入关键期，经济体制深刻变革、社会结构深刻变动、利益格局深刻调整、思想观念深刻变化。随着经济社会急剧转型，各种矛盾集中凸显。既要在推进供给侧结构性改革、防范化解重大风险、精准脱贫、污染防治、跨越“中等收入陷阱”等方面爬坡过坎，又要不断满足人民群众更高水平的多样化多层次多方面的物质文化需要；既要坚持“两个毫不动摇”、不断完善基本经济制度，又要充分利用国际国内两个市场、两种资源，构建和完善开放型经济新体制；既要使市场在资源配置中起决定性作用，又要更好发挥政府作用；既要坚持按劳分配为主体、多种分配方式并存的基本分配制度，又要合理调节居民收入差距、推进共享发展；既要积极营造有利于我国经济社会发展的良好国际环境，又要大力推进国防和军队现代化建设；等等。在新的历史条件下，我们要成功应对重大挑战、抵御重大风险、克服重大阻力、解决重大矛盾，必须更加准确地把握社会主义初级阶段不断变化的特点，坚持党的基本路线，坚持问题导向，不断推进理论创新和实践创新。要在迅速变化的时代中赢得主动，要在新的伟大斗争中赢得胜利，就要在坚持马克思主义基本原理的基础上，以更宽广的视野、更长远的眼光来思考和把握国家未来发展面临的一系列重大问题，在理论上不断拓展新视野、作出新概括。

概括而言，一个民族要想站在科学的高峰，就一刻也不能离开理论思维。只有牢牢把握社会主义初级阶段这个最大国情，准确把握社会主义初级阶段不断变化的特点，增强理论自信和战略定力，勇于推进实践基础上的理论创新，我们才能在2020年如期全面建成小康社会，继而为实现第二个百年奋斗目标而努力，踏上建设社会主义现代化国家新征程，让中华民族以更加昂扬的姿态屹立于世界民族之林。[1]

五、筑牢党和人民奋斗的生命线

党的十九大强调："全党要牢牢把握社会主义初级阶段这个基本国情，牢牢立足社会主义初级阶段这个最大实际，牢牢坚持党的基本路线这个党和国家的生命线、人民的幸福线，领导和团结全国各族人民，以经济建设为中心，坚持四项基本原则，坚持改革开放，自力更生，艰苦创业，为把我国建设成为富强民主文明和谐美丽的社会主义现代化强国而奋斗。"党在社会主义初级阶段的基本路线是党和国家的生命线、人民的幸福线，是我们党从历史和现实、理论和实践、国内和国际等的结合上进行思考，从我国社会发展的历史方位上来思考，从党和国家事业发展大局出发进行思考，得出的正确结论。正确认识和把握党在新时代的基本路线，是推进新时代中国特色社会主义迈向新征程的题中之义。

一要深刻领会党的基本路线是中国特色社会主义取得伟大成就的真谛。"基本路线要管一百年，动摇不得。只有坚持这条路线，人民才会相信你，拥护你。谁要改变三中全会以来的路线、方针、政策，老百姓不答应，谁就会被打倒。"[2] 当我们以更宽广的视野、更长远的眼光来思考和把握国家未来发展面临的一系列重大战略问题时，就会更加深刻地理解习近平总书记重申邓小平这番重要论述的语重心长：实现中华民族伟大复兴的中国梦，必须毫不动摇地坚持党的基本路线，筑牢党和人民奋斗的生命线。

---

[1] 郭飞：《牢牢把握社会主义初级阶段这个最大国情》，人民网，2017年8月31日。
[2] 《生命线、幸福线——习近平的路线观》，新华网，2016年8月8日。

二要深刻领会党的基本路线是顺应人类发展大潮流的中国方案。一部人类社会发展史表明：经济发展是推动人类文明进步、国家富强、民族振兴的决定因素，是硬道理。同时，方向决定道路，道路决定命运。纵观世界历史，许多国家由于政治方向失误导致经济停滞、社会倒退的教训说明：把握政治方向、选择道路的能力决定了一个国家、一个民族的前途命运。改革开放以来，我们党总结历史经验教训，成功开辟了中国特色社会主义道路，精彩书写了让世界惊叹的中国故事。这条正确道路的政治基石，就是毫不动摇地遵循“以经济建设为中心,坚持四项基本原则,坚持改革开放”的基本路线，遵循经济建设是决定人类发展根本的基本原理，顺应建设人类命运共同体的时代潮流。

三要深刻领会党的基本路线是把握世界变化大格局的立国经验。自冷战结束以来，世界政治格局加速向多极化方向演变。在这个重大调整过程中，中国共产党领导人民在世界上人口最多的国家成功开辟出具有高度现实性和可行性的正确道路，创造了人类社会发展史上惊天动地的发展奇迹，让科学社会主义在21世纪焕发出新的蓬勃生机。中国特色社会主义道路是实现我国社会主义现代化的必由之路，是创造人民美好生活的必由之路。这条道路之所以卓有成效，从根本上说，就是因为我们坚持了党的基本路线，牢牢把握了社会主义现代化的前进方向。坚持党的基本路线，是当今中国在复杂的国际竞争中科学把握基本国情，坚守社会主义价值追求，定准发展时代坐标，战胜各种风险挑战的基石和法宝。我们必须坚定“四个自信”，为不断夺取中国特色社会主义伟大胜利而矢志奋斗。

四要深刻领会党的基本路线是实现中华民族伟大复兴的根本遵循。从1840年起，为了实现中华民族伟大复兴的伟业，不甘屈辱的中华儿女前仆后继、奋起抗争。中国共产党在探索复兴之路的逆境中应运而生，带领人民实现民族独立和人民解放，“占人类总数四分之一的中国人从此站立起来了”。改革开放以来，我们党总结经验教训，深刻认识到“贫穷不是社会主义”“不坚持社会主义，不改革开放，不发展经济，不改善人民生活，只能是死路一条”，并逐步形成了“一个中心、两个基本点”这个党在社会主义初级阶段的基本路线。在这一正确路线指引下，中国在几十年“历史瞬间”走过西方发达国家几百年的道路，成为当今世界具有重要影响的大国，展现出前所未有的光明前景，我们比历史上任何时期都更接近中华民族伟大复兴的目标。实践证明，党的基本路线体现了科学社会主义理论逻辑与中国社会发展历史逻辑的辩证统一，合乎中国国情，顺应人民意愿，是党领导人民推进中国特色社会主义伟大事业的根本遵循。

五要深刻理解党的基本路线的科学内涵。坚持和发展中国特色社会主义，是人类历史上前所未有的伟大事业。当前，我们正站在新的历史起点上，以习近平同志为核心的党中央领导全党全国人民踏上新的长征路。要打赢具有许多新的历史特点的伟大斗争，要在新的使命任务、风险挑战中开创新辉煌，必须时刻紧扣时代脉搏，适应发展要求，始终坚持把以经济建设为中心同坚持四项基本原则、坚持改革开放这两个基本点统一于中国特色社会主义伟大实践，任何时候都不能有丝毫偏离和动摇。党的十九大立足新时代中国特色社会主义特点，充实了党的基本路线的科学内容，强调了建设美丽中国的重要性，必须深刻把握。

六要深刻领会毫不动摇坚持以经济建设为中心，必须坚持以人民为中心的发展思想。人民立场是中国共产党的根本政治立场，是马克思主义政党区别于其他政党的显著标志。党与人民风雨同舟、生死与共，始终保持血肉联系，是党战胜一切困难和风险的根本保证。以经济建设为中心，就要把发展作为第一要务，坚持以人民为中心的发展思想。在新的历史条件下，实现什么样的发展目标、坚持什么样的发展理念、怎样推进发展，是我们党治国理政必须回答的一个重大时代课题。解放和发展生产力，最终是为了实现人民幸福。我们要毫不动摇地坚持以经济建设为中心，既要立足于我国基本国情，始终把发展作为党执政兴国第一要务，紧紧围绕统筹推进“五位一体”总体布局和协调推进“四个全面”战略布局，坚持新发展理念，努力提高发展质量和效益，又要把增进人民福祉、更好推动人的全面发展作为经济发展的出发点和落脚点，不断提高人民生活水平。

七要深刻领会毫不动摇坚持四项基本原则，最根本的是坚持党的领导，坚持中国特色社会主义。四项基本原则是关于我们国家的根本制度、领导力量、国家性质和指导思想的本质规定。坚持四项基本原则就是要坚持党的领导。党是领导人民和国家各项事业的核心力量，选择什么样的制度、怎样保持国家性质、以什么指导思想引领发展，都离不开党的坚强领导。习近平总书记强调：“全党要坚定道路自信、理论自信、制度自信、文化自信。”党的十八届六中全会通过的《关于新形势下党内政治生活的若干准则》强调：“全党必须毫不动摇坚持四项基本原则，根本是坚持党的领导，坚持中国特色社会主义道路、中国特色社会主义理论体系、中国特色社会主义制度、中国特色社会主义文化，做到头脑清醒、立场坚定，矢志不移坚持和发展中国特色社会主义。”只有这样，我们才能为国家和人民开创更加美好的未来。

八要深刻领会毫不动摇地坚持改革开放，必须大力推进国家治理体系和治理能力现代化。改革开放是决定当代中国命运的关键抉择，是党和人民事业大踏步赶上时代的重要法宝。党的十八大以来，以习近平同志为核心的党中央以勇于自我革命的气魄、坚忍不拔的毅力推进改革，敢于向积存多年的顽瘴痼疾开刀，敢于触及深层次利益关系和矛盾，坚决冲破思想观念束缚，坚决破除利益固化藩篱，坚决清除妨碍社会生产力发展的体制机制障碍，进一步解放和发展生产力，取得了显著成就。改革必须坚持正确方向，既不走封闭僵化的老路，也不走改旗易帜的邪路。我们要把完善和发展中国特色社会主义制度、推进国家治理体系和治理能力现代化作为全面深化改革的总目标，勇于推进理论创新、实践创新、制度创新以及其他各方面创新，让制度更加成熟定型，让发展更有质量，让治理更有水平，让人民更有获得感。[1]

九要从中国特色社会主义事业全局的高度深刻理解把握党的基本路线，推动当代中国社会全面进步。党的基本路线的提出是以社会基本矛盾运动的客观规律和我国社会主义初级阶段的基本国情为依据的，而它的着眼点则是整个社会发展的统一进程和建设中国特色社会主义事业全局。要真正坚持好、贯彻好党的基本路线，就必须立足于这一高度，深刻理解和把握其内在要求。

按照历史唯物主义的观点，人类社会结构体系是一个有机联系的整体，社会基本矛盾所体现的，正是这一整体联系的内在机制。生产力与生产关系、经济基础与上层建筑按照各自的功能定位相互制约、相互作用，推动社会各领域的进步和发展，最终形成社会整体发展的统一进程。因此，在建设中国特色社会主义实践中，必须遵循社会基本矛盾运动规律，将社会各个领域的建设和发展协调统一起来，从整体上加以推进。以“一个中心、两个基本点”为核心内容的党的基本路线，内在地包含着社会发展的这一整体性要求，体现了协调推进社会各领域发展的客观逻辑。

同时，我们也应当看到，党的基本路线突出强调以经济建设为中心，是因为生产力在社会结构体系中处于根本地位，以及发展生产力作为社会主义社会的根本任务在我国社会主义初级阶段显得尤为迫切。不发展生产力，经济建设搞不上去，其他领域的建设就没有根基，整个社会的发展都会受到限制。同时也应看到，以经济建设为中心绝不是“单打一”，只要

[1] 国防大学中国特色社会主义理论体系研究中心：《筑牢党和人民奋斗的生命线——学习习近平总书记“7·26”重要讲话》，求是网，2017年10月15日。

抓好经济建设就可以了；而是要围绕这一中心，协调推进社会各个领域的建设和发展。抓经济建设是发展生产力，而要发展生产力就必须调整好生产关系以及与之相适应的上层建筑。只有协调推进社会结构体系各个层次、各个领域共同发展，才能为生产力发展创造必要的社会条件。因此，党的基本路线在突出“一个中心”的同时，还强调“两个基本点”，即坚持四项基本原则、坚持改革开放。其着眼点就是要解决生产关系和上层建筑方面的问题，破除那种已被实践证明不成功的旧体制，代之以更加适合生产力发展要求的新体制，将社会各个领域的发展推进到新水平。“一个中心”与“两个基本点”是紧密联系的，“两个基本点”围绕和服务于“一个中心”，而“一个中心”规定和支撑着“两个基本点”，二者统一于建设中国特色社会主义的伟大实践，推动着当代中国社会全面发展和进步。在建设中国特色社会主义的实践中，要将人的发展和解放作为整个社会发展的最高价值目标。对于党在社会主义初级阶段的基本路线，也要从这一价值目标出发去理解。我们搞经济建设也好，推进改革开放和社会各领域的发展也好，最终都是为了满足广大人民群众自身发展的需要，为了他们的根本利益更好地得到实现。为实现这一目标，首先当然要重视发展生产力，把经济建设搞上去；但与此同时，人民群众的需求和利益又是多层次、多方面的，还必须协调推进社会各个层次、各个领域的进步和发展，使人民群众的根本利益全方位地得到实现。

此外，我们还必须深刻认识到，强调社会主义初级阶段是当前我国最大国情，但初级阶段不是一成不变的。在牢牢把握这一最大国情的同时，还应充分了解其不断变化的特点，及时研究和解决实践中出现的新问题，在继续推动经济发展的同时，更好解决我国社会出现的各种问题，更好实现各项事业全面发展，更好发展中国特色社会主义事业，更好推动人的全面发展、社会全面进步。[1]

六、依靠发展解决社会主要矛盾

社会主要矛盾的转化对社会发展起着根本性、全局性的影响，是党和国家确立自身主要任务的依据。我国社会主要矛盾的转化作为关系全局的历史性变化，对党和国家工作提出了许多新要求，要在继续推动发展的基础上，着力解决发展不平衡不充分问题，大力提升发展质量和效益，更好满足人民在经济、政治、文化、社会、生态等方面日益增长的需要，更好推动人的全面发展、社会全面进步。

着力解决好发展不平衡不充分问题，需要大力提升发展质量和效益。面对经济发展进入新常态后出现的一系列困难矛盾和风险挑战，必须贯彻新发展理念，努力实现更高质量、更有效率、更加公平、更可持续的发展。要调整发展思路，坚决摒弃规模速度型粗放增长，彻底改变传统的依赖物质投入、拼资源环境、靠外延扩张的发展方式，增强加快转变经济发展方式的自觉性和主动性，实现从以增量扩能为主向调整存量、做优增量并举转变，下大气力解决制约经济发展的深层次问题，从根本上提高经济发展质量、效益、竞争力，更加扎实地推进经济持续健康发展。要把转方式调结构放到更加重要的位置，以供给侧结构性改革为主线，构建产业新体系，培育一批战略性产业，构建现代农业产业体系、生产体系、经营体系，加快建设制造强国，加快发展现代服务业，把创新摆在国家发展全局的核心位置，使发展动力从主要依靠要素投入向主要依靠创新转变，不断增强我国经济创新力和竞争力。

同时，人民美好生活的需要，不只是物质方面的需要，而是包括经济、

---

[1] 贾高建：《坚持党的基本路线 推动社会全面进步》，《人民日报》2017 年 9 月 21 日。

政治、文化、社会、生态等各个方面的需要。这就要求我们党和国家顺应人民需要多样化多层次多方面的特点，推动社会全面发展。人的全面发展、人民共同富裕，是人民美好生活需要的重要内容，也是解决发展不平衡不充分问题的必然要求。要坚持全心全意为人民服务的根本宗旨，坚持以人民为中心的发展思想，着眼于人民现实的物质文化生活需要，着眼于促进人民素质的提高，着眼于改善人民生活的社会环境，为人的全面发展创造良好条件。要坚持和完善社会主义基本经济制度和分配制度，深化收入分配制度改革，加大再分配调节力度，努力缩小城乡、区域、行业收入分配差距，着力解决收入分配差距过大的问题，推动朝着共同富裕的方向稳步前进。要让人民共同享有人生出彩的机会，共同享有梦想成真的机会，共同享有同祖国和时代一起成长与进步的机会。

新时代社会主要矛盾的变化，是有着深刻的理论依据、现实依据的，我们必须站在中国特色社会主义伟大事业的高度，正确把握中国社会中的“变”与“不变”，坚持我国仍处于并将长期处于社会主义初级阶段的最大国情和最大实际，坚持党在新时代的基本路线，紧扣社会主要矛盾，注重发展质量和发展效益，实现平衡、充分发展。

第四章

新使命是什么

◇ 实现中国梦是新时代中国共产党人的历史使命

◇ “四个伟大”集中概括了新时代党的使命与担当

◇ “四个伟大”具有丰富的科学内涵

◇ “四个伟大”的内在逻辑关系

◇ 推进“四个伟大”的重大意义和历史地位

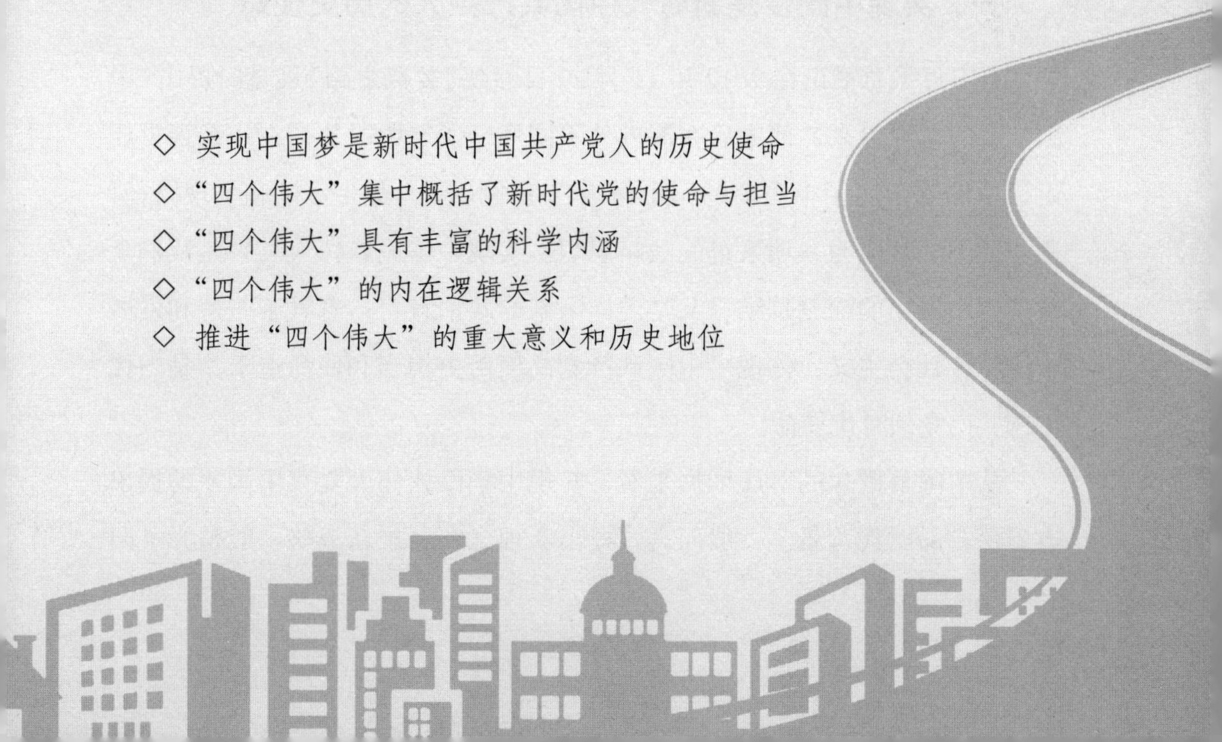

实现中华民族伟大复兴，是近代以来中华民族最伟大的梦想。一代代中国人民为了实现这一梦想而努力奋斗。中国共产党自诞生之日起，就肩负起实现中华民族伟大复兴的历史使命。经过数十年的努力，我们前所未有地接近实现中华民族伟大复兴的梦想。习近平总书记在党的十九大报告中指出：“中华民族伟大复兴，绝不是轻轻松松、敲锣打鼓就能实现的。全党必须准备付出更为艰巨、更为艰苦的努力。”当前，中国特色社会主义进入新时代，为了实现伟大梦想，必须进行伟大斗争，建设伟大工程，推进伟大事业。“四个伟大”是我们党在中国特色社会主义进入新时代，为实现中华民族伟大复兴的历史使命而提出的，是当代中国发展最根本、最具时代精神、最能凝聚中国共产党人所有追求的大智慧、大战略、大谋划。不忘初心，继续前行，就必须深刻认识党在新时代的历史使命的深刻内涵和实践要求。

一、实现中国梦是新时代中国共产党人的历史使命

自习近平总书记在2012年11月29日参观《复兴之路》展览时提出“中国梦”的概念以来，他先后在海内外不同场合谈及中国梦，在一系列重要讲话中深刻阐述了中国梦的历史由来、基本内涵、奋斗目标和实现路径，逐步使中国梦成为一项系统的战略思想。实现中华民族伟大复兴是我们党从历史中做出的深刻总结，又是走向未来的政治宣言，着眼于坚持和发展中国特色社会主义，体现了中国共产党高度历史担当和使命追求，是当代中国共产党的时代使命。

从中国梦概念的形成依据来看，实现中华民族伟大复兴中国梦的提出有着深刻的时代背景。一般而言，提出新理念新思想新战略一般是为了回

应当前国际和国内的发展变化对党和国家工作的新要求，也就是说要针对现实问题。从国内看，改革开放在各方面都取得重大进展，使我们站在了更高的起点上。但是，前进道路上还有不少困难和问题，如经济下行压力较大、社会矛盾明显增多、反腐败斗争形势严峻等。在这样一个历史节点，我们需要凝聚人心、团结全部力量，去攻坚克难，为更高的目标而奋斗。“中国梦”概念的提出，就是一份政治动员令，是集结号也是冲锋号。从国际看，中国逐渐强大了，但国际社会特别是某些发达国家还没有做好接受这个事实的准备。我们需要明确亮出自己的目标和价值诉求，提出“中国梦”概念实际就是这样一种主动的表达。党的十九大明确提出“为实现中华民族伟大复兴的中国梦不懈奋斗”，深刻阐述了新时代实现中华民族伟大复兴中国梦的伟大变化和伟大变革，厘清了时代背景。

从中国梦的深刻意蕴来看，实现中华民族伟大复兴中国梦有着深刻的内涵。实现全面建成小康社会，建成富强、民主、文明、和谐、美丽的社会主义现代化强国的奋斗目标，实现中华民族伟大复兴的中国梦，就是要实现国家富强、民族振兴、人民幸福。既体现了今天中国人的理想，也反映了我们先人们不懈追求进步的光荣传统。首先，中国梦的基本内涵有三个层面：国家、民族、人民。从国家层面看，中国梦是强国梦。中国要成为强大的现代化国家，赢得世界认同，并成为引领世界发展的主导力量。从民族层面看，中国梦是民族复兴梦。中华民族要对人类发展作出更大、更多、更重要的贡献。从人民层面看，中国梦就是每个中国人的梦。“中国梦归根到底是人民的梦”，每一个中国人共同享有人生出彩的机会、共同享有梦想成真的机会，同时，实现中国梦也需要每一个人的努力。上述三个层面把国家、民族和个人作为一个命运共同体，从而使国家利益、民族利益和每个人的具体利益都紧紧地联系在一起。其次，中国梦的现实基础是实现“两个一百年”奋斗目标，既要在中国共产党成立 100 年时全面建成小康社会、实现第一个百年奋斗目标，又要乘势而上开启全面建设社会主义现代化国家新征程，向第二个百年奋斗目标进军。“两个一百年”奋斗目标清晰勾勒出了中华民族伟大复兴的路线图，催人奋进、鼓舞人心。再次，中国梦是历史的、现实的，也是未来的。中国梦凝结着无数仁人志士的不懈努力，是全体中华儿女坚定不移、代代相传的信念。我们曾经辉煌，也曾经衰落，实现中华民族的伟大复兴，是凝聚了几代中国人的夙愿。中国的革命也好，建设也好，改革也好，归根到底就是为了实现这个目标。这既是贯穿20世纪中国历史的基本线索，也是21世纪中国的突出主题。最后，中国梦是中国的，也是世界的。中国梦与人类追求和平与发展的梦想相一致，是开放、包容、共享的梦。人类命运共同体的理念以及“一带一路”倡议就是中国梦的国际表达。在党的十九大报告中，习近平总书记对全面建成小康社会后的三十年进一步细化，分为两个阶段，并提出了建设富强民主文明和谐美丽的社会主义现代化强国的目标，深化了中国梦的深刻内涵。

实现中华民族伟大复兴中国梦有着明确的实现路径。习近平总书记指出：“实现中国梦必须走中国道路，必须弘扬中国精神，必须凝聚中国力量。”中国道路就是中国特色社会主义。道路关乎党的命脉，关乎国家前途、民族命运、人民幸福，而中国特色社会主义是我们党带领人民历经千辛万苦找到的实现中国梦的正确道路。改革开放的实践已经充分证明，要发展中国、稳定中国，要全面建成小康社会、加快推进社会主义现代化建设，要实现中华民族伟大复兴，必须坚定不移地坚持和发展中国特色社会主义。依据我国正处于并将长期处于社会主义初级阶段这个基本国情，党的十八大对建设中国特色社会主义即实现中国梦的总体布局是经济、政治、文化、社会、生态文明建设“五位一体”。而为完成这五个方面的宏伟任务，以习近平同志为核心的党中央提出了“四个全面”战略布局，即全面建成小康社会、全面深化改革、全面依法治国、全面从严治党，从而为中国梦的实现提供了根本保障。“中国精神”就是以爱国主义为核心的民族精神和以改革创新为核心的时代精神。实现中国梦，不仅要求我们具备强大的物质基础，也要求我们具备强大的精神力量。习近平总书记强调要把培育和弘扬社会主义核心价值观作为凝魂聚气、强基固本的基础工程。中国力量是中国各族人民大团结的力量。人民群众是人类历史活动的主体，唯有人民才能创造出巨大的物质财富和精神财富。人民是历史发展和社会变革的决定性力量，人民也是实现中国梦的力量之源。实现中国梦，需要最大限度团结一切可以团结的力量，需要充分发挥全体中华儿女的聪明才智。[1] 中国共产党是领导中国人民实现中华民族伟大复兴中国梦的核心力量。打铁必须自身硬，要充分发挥中国共产党在凝聚中国力量中的领导作用必须进一步加强自身建设，确保党始终成为中国特色社会主义事业的坚强领导核心，成为中国梦的坚强领导核心！

二、“四个伟大”集中概括了新时代党的使命与担当

党的十九大报告立足中国特色社会主义进入新时代的战略判断，明确了新时代中国共产党人的历史使命，系统阐明了伟大斗争、伟大工程、伟大事业、伟大梦想的内在逻辑，指出“四个伟大”之间紧密联系、相互贯通、相互作用，共同构筑了新时代中国共产党人的历史使命。“四个伟大”战略思想作为习近平总书记深刻把握我国发展阶段性特征作出的重大理论创新，集中揭示了我们党正在做的事情和将要做的事情，集中概括了新时代中国共产党的使命与担当。

从中国共产党 97 年发展历程来看，实现民族复兴伟业的道路从来都不

[1] 朱可辛：《奋力实现中华民族伟大复兴中国梦》，《学习时报》2017 年 6 月 5 日。

是平坦的，总是充满着各种各样的斗争。中国共产党自1921年成立，直至1949年中华人民共和国成立,历经了28年艰苦卓绝的新民主主义革命斗争。在大革命战争、土地革命战争、抗日战争、解放战争中，中国共产党及其领导的广大军民付出了重大牺牲，才最终取得了新民主主义革命的伟大胜利。可以说，中国共产党是一个在战火中淬炼出来的伟大、光荣、正确的党。正因如此，它能够在社会主义革命阶段，充满自信地面对国内肃反斗争、抗美援朝战争和蒋介石反攻大陆的威胁，成功地捍卫和巩固新生的中华人民共和国政权，为“三大改造”的顺利完成和“一五计划”的顺利实施创造政治前提，并最终领导和团结全国各族人民，成功完成社会主义革命，确立社会主义基本制度，推进社会主义建设，完成了中华民族有史以来最为广泛而深刻的社会变革，为当代中国一切发展进步奠定了根本政治前提和制度基础，实现了中华民族由近代不断衰落到根本扭转命运、持续走向繁荣富强的伟大飞跃。

从马克思主义辩证唯物主义和历史唯物主义原理来看，斗争在人类社会历史上是始终存在的，只是在不同的历史阶段具有不同的特点而已。斗争的领域、范围、对象、手段、形式、烈度，都将随着时代的变化而变化。在97年发展历程中，我们党是在不断地斗争中成长起来的，比如革命时期与“三座大山”的斗争,在党的发展历程中的“批评与自我批评”、自我革命。党的十八大以来，以习近平同志为核心的党中央立足我们党面临的世情国情党情，提出了“八项规定”、反“四风”等举措，不断将党的作风建设推向深入。在党的十九大报告中，习近平总书记号召全党要更加自觉地坚持党的领导和我国社会主义制度，坚决反对一切削弱、歪曲、否定党的领导和我国社会主义制度的言行；更加自觉地维护人民利益，坚决反对一切损害人民利益、脱离群众的行为；更加自觉地投身改革创新时代潮流，坚决破除一切顽瘴痼疾；更加自觉地维护我国主权、安全、发展利益，坚决反对一切分裂祖国、破坏民族团结和社会和谐稳定的行为；更加自觉地防范各种风险，坚决战胜一切在经济、政治、文化、社会、生态等领域和自然界出现的困难和挑战。全党要充分认识这场伟大斗争的长期性、复杂性、艰巨性，发扬斗争精神，汲取新民主主义革命、社会主义革命、社会主义建设时期的正反两方面的经验，提高斗争本领，在新的历史条件下，不断夺取新时代中国特色社会主义伟大胜利。

从中国特色社会主义的本质特征来看，党的领导是中国特色社会主义事业的根本保证，要实现伟大梦想，必须建设伟大工程。习近平总书记在十九大报告中深刻指出：我们党要始终成为时代先锋、民族脊梁，始终成为马克思主义执政党，自身必须始终过硬。全党要更加自觉地坚定党性原则，勇于直面问题，敢于刮骨疗毒，消除一切损害党的先进性和纯洁性的因素，清除一切侵蚀党的健康肌体的病毒，不断增强党的政治领导力、思想引领力、群众组织力、社会号召力，确保我们党永葆旺盛生命力和强大战斗力。党领导全国各族人民进行的革命、建设和改革的全部实践证明，管党治党不仅关系党的前途命运，而且关系国家和民族的前途命运，也在相当程度上影响人类文明的进程，因此党必须始终发扬勇于自我革命、从严管党治党的鲜明品格，必须以党章为根本遵循，把党的政治建设摆在首位，思想建党和制度治党同向发力，统筹推进党的各项建设。

总之，无论是民族国家的发展，还是人类社会的进步，都需要科学、伟大的理想引领，共产主义和中国特色社会主义就是中国共产党领导全国各族人民戮力追求的远大理想和共同理想；但是，实现伟大理想必须进行伟大斗争，因此，党要领导全国各族人民进行具有许多新的历史特点的伟大斗争；打铁必须自身硬，要夺取伟大斗争新胜利，必须推进党的建设新的伟大工程；只有进行伟大斗争、建设伟大工程、推进伟大事业，才能实现中华民族伟大复兴的中国梦。[1]

三、“四个伟大”具有丰富的科学内涵

“四个伟大”作为新时代中国共产党人的历史使命，具有深刻的内涵和意义。进行“伟大斗争”，强调的是治国理政的精神状态和奋斗姿态，具有滋养斗志的作用，主要回答“具有什么样的精神状态和奋斗姿态”或“怎样干”的问题；建设“伟大工程”，强调的是治国理政的领导力量，具有政治保证作用，主要回答“谁来领导”或“提供什么样的政治保障”问题；推进“伟大事业”，强调的是治国理政的旗帜、方向和道路，具有举旗定向作用，主要回答“举什么旗、走什么路”或“干什么”的问题；实现“伟大梦想”，强调的是治国理政的历史使命，具有目标引领作用，主要回答“担负什么样的历史使命、实现什么样的奋斗目标”或“干成什么”的问题。

“进行伟大斗争”明确宣示了以“什么样的精神状态和奋斗姿态”建设新时代中国特色社会主义。党的十八大以来，习近平总书记反复强调，“我们正在进行具有许多新的历史特点的伟大斗争，面临的挑战和困难前所未有”，“发展中国特色社会主义是一项长期的艰巨的历史任务，必须准备进行具有许多新的历史特点的伟大斗争”。进行具有许多新的历史特点的伟大斗争，就是我们党站在新的历史起点上，面对前进道路上的各种艰难险阻，凝聚全国各族人民的智慧和力量，带领和团结全国各族人民以敢于斗争的精神状态，在坚持和发展中国特色社会主义的历史进程中攻坚克难，为建设富强民主文明和谐美丽的社会主义现代化强国，实现中华民族伟大复兴而顽强奋斗、艰苦奋斗、不懈奋斗。

“建设伟大工程”明确宣示了为新时代中国特色社会主义“提供什么

[1] 沈夏珠：《“四个伟大”集中概括新时代中国共产党的使命与担当》，中国网，2017年10月18日。

样的政治保障”。97 年来的实践证明，无论遇到什么样的风险、危机和艰难险阻，我们党都能带领人民不断从胜利走向胜利。坚持和完善党的领导，是党和国家的根本所在、命脉所在，是全国各族人民的利益所在、幸福所在。中国共产党承担着带领广大人民群众实现中华民族伟大复兴的历史使命，要进行具有许多新的历史特点的伟大斗争，面临的挑战很严峻，责任很重大，使命很光荣，需要自身更加坚强有力，必须全面从严治党，保持党的先进性和纯洁性，着力提高执政能力和领导水平，着力增强抵御风险和拒腐防变能力，不断把党的建设新的伟大工程推向前进。正是在此意义上，习近平总书记指出，全党要坚持问题导向，保持战略定力，推动全面从严治党向纵深发展，把全面从严治党的思路举措搞得更加科学、更加严密、更加有效，确保党始终同人民想在一起、干在一起，引领承载着中国人民伟大梦想的航船破浪前进，胜利驶向光辉的彼岸。

“推进伟大事业”明确宣示了在新时代“举什么旗，走什么路”。无论搞革命、搞建设、搞改革，道路问题都是最根本的问题。我们之所以能够创造出人类历史上前无古人的发展成就，最根本的原因就在于走出了中国特色社会主义的正确道路。现在，最关键的是坚定不移走这条道路、与时俱进拓展这条道路，推动中国特色社会主义道路越走越宽广。党的十八大以来，在新中国成立特别是改革开放以来我国发展取得重大成就的基础上，党和国家事业发生历史性变革，我国发展站到了新的历史起点上，中国特色社会主义进入了新的发展阶段，要发展中国、稳定中国，要全面建成小康社会、加快推进社会主义现代化，要实现中华民族伟大复兴的中国梦，必须坚定不移坚持和发展中国特色社会主义。因此，我们要牢牢把握我国发展的阶段性特征，牢牢把握人民群众对美好生活的向往，提出新的思路、新的战略、新的举措，继续统筹推进“五位一体”总体布局、协调推进“四个全面”战略布局，决胜全面建成小康社会，夺取新时代中国特色社会主义伟大胜利，为实现中华民族伟大复兴的中国梦不懈奋斗。

“实现伟大梦想”明确宣示了坚持和发展中国特色社会主义“朝着什么样的目标”迈进。中国梦是历史的、现实的，也是未来的，既承担着中华民族的历史使命，又承担着当代中国的使命，也承担着未来中国发展走向的使命。中国梦的孕育昭示近代中国为实现民族独立、人民解放和国家富强、人民富裕两大历史任务作出的不懈努力。实现中华民族伟大复兴是一项光荣而艰巨的事业，需要一代又一代中国人共同为之努力。我们这一代共产党人一定要承前启后、继往开来，把我们的党建设好，团结全体中华儿女把我们国家建设好，把我们民族发展好，继续朝着中华民族伟大复兴的目标奋勇前进。

在新的历史起点上，实现中华民族伟大复兴的中国梦，既需要攻坚克难进行具有许多新的历史特点的伟大斗争的精神状态和锐利武器以提供强大动力，也需要毫不动摇推进党的建设新的伟大工程打造坚强领导主体力量以提供组织保证，还需要坚定不移推进中国特色社会主义伟大事业以确保改革和发展的正确方向和道路。[1]

四、“四个伟大”的内在逻辑关系

习近平总书记指出：“伟大斗争，伟大工程，伟大事业，伟大梦想，紧密联系、相互贯通、相互作用，其中起决定性作用的是党的建设新的伟大工程。推进伟大工程，要结合伟大斗争、伟大事业、伟大梦想的实践来进行，确保党在世界形势深刻变化的历史进程中始终走在时代前列，在应对国内外各种风险和考验的历史进程中始终成为全国人民的主心骨，在坚持和发展中国特色社会主义的历史进程中始终成为坚强领导核心。”这一重要论述不仅从战略高度进一步强调坚持和完善党的领导的极端重要性，更是明确

[1] 参见董振华：《论“四个伟大”》，《学习时报》2017 年 8 月 9 日。

了“四个伟大”的内在逻辑关系。

从彼此关系来看，要把“四个伟大”作为一个有机整体来理解，才更有意义。理解和把握进行伟大斗争，就要把它放在建设伟大工程、推进伟大事业、实现伟大梦想的关系框架之中，来把握其斗争的对象、斗争的主体、斗争的方式、斗争的目的和斗争的意义；要理解和把握建设伟大工程，就需要把它置于进行伟大斗争、推进伟大事业、实现伟大梦想的关系框架之中，来把握建设伟大工程的重大意义；要理解和把握推进伟大事业，就需要围绕进行伟大斗争、建设伟大工程、实现伟大梦想，来把握推进伟大事业的目标及其艰巨性；要真正理解和把握实现伟大梦想，就应当基于进行伟大斗争、建设伟大工程、推进伟大事业，来把握实现伟大梦想所需要的根本路径、精神状态和领导力量。所以，应把“四个伟大”看作一个具有内在逻辑联系的有机整体。

从总结历史经验来看，只有把“四个伟大”作为一个有机整体，才能对我国改革开放和社会主义现代化建设实践的根本经验作出系统总结。从党中央治国理政来看，只有把“四个伟大”作为一个有机整体，才能真正理解和把握改革开放以来尤其是十八大以来党中央治国理政的总体或战略框架。从实现中华民族伟大复兴的历史使命来看，只有把“四个伟大”作为一个有机整体，才能真正理解和把握实现“强起来”的根本路径和基本方略。

从十八大以来党中央的执政业绩来看，只有把“四个伟大”作为一个有机整体，才能完整理解和把握以习近平同志为核心的党中央的根本贡献，才能真正理解和把握习近平同志在全党和党中央的核心地位。推进“四个伟大”，是理解和把握习近平同志在全党和党中央的核心地位的根本或完整依据。[1]

[1] 韩庆祥：《“四个伟大”：新时代行动纲领的基本遵循》，《浙江日报》2017 年 10 月 20 日。

五、推进“四个伟大”的重大意义和历史地位

“四个伟大”是一个具有紧密内在联系的重要理论概括，不仅把我们党在改革开放和现代化建设历史新阶段正在做的事情和将要做的事情，更加全面完整地反映出来，而且也有利于从理论上和实践上更好认识和揭示“四个伟大”紧密的内在逻辑关系。“四个全面”的提出涵盖了我们党在新时代的全部理论和全部工作，使其具有覆盖全局、指导全局、引领全局的重大地位和重大作用。

从“四个伟大”的形成逻辑来看，“四个伟大”是对我国改革开放和社会主义现代化建设实践经验的根本总结。2016 年 5 月 17 日，习近平总书记在哲学社会科学工作座谈会上的讲话中指出：加强对改革开放和社会主义现代化建设实践经验的系统总结。“四个伟大”，为我们提供了一个具有总体性的方法论。从历史维度看，“四个伟大”紧扣中华民族伟大复兴，汲取了近代以来中华民族最伟大的梦想和追求，汲取了中国革命和党的建设历史成功经验，汲取了社会主义改革建设发展的实践精华，把党深深植根的中华民族、中国大地、中国人民统一起来，集中展现了我们党新时代历史使命和责任担当，是近代以来中华民族历史实践的传承和升华。从理论维度看，“四个伟大”根据中国特色社会主义进入新时代和社会主要矛盾转化等重大特征，明确回答了我们举什么旗帜、走什么道路、依靠什么力量、保持什么状态、达到什么目标等重大理论和实践问题，是中国特色社会主义理论体系的新发展，是马克思主义中国化的新飞跃，是在新的历史条件下鲜活的马克思主义。从实践维度来看，“四个伟大”涉及改革发展稳定、内政外交国防、治党治国治军等大内容、大逻辑，集中体现了当代中国智慧、中国道路、中国方案、中国思维，是新一届中央领导集体治国理政方

略的集中宣示。[1] 改革开放以来，党的全国代表大会对我国改革开放和社会主义现代化建设实践经验的理论总结，不同程度上都贯穿着“四个伟大”的总体思路。改革开放以来召开的每一次党代会，都要总结我国改革开放和社会主义现代化建设实践的经验。有从思想路线、基本路线、组织路线、群众路线角度进行总结，有从中国特色社会主义建设进程中要注重一系列矛盾双方的结合上进行总结。但归根结底，贯穿各种经验中的一条根本红线，可聚焦到“四个伟大”上来。作为“伟大事业”的坚持和发展中国特色社会主义，这是我国改革开放和社会主义现代化建设取得巨大成就的根本原因；作为“伟大梦想”的实现中华民族伟大复兴，它能够凝聚共识，激发广大人民群众的积极性主动性创造性；与“伟大斗争”密切相关的良好精神状态和奋斗姿态，这是战胜各种困难、风险的重要法宝；作为新的“伟大工程”的党的建设，因为办好中国的事情，关键在党。

从“四个伟大”在党中央治国理政内的地位来看，“四个伟大”是习近平新时代中国特色社会主义思想的主要实践和核心内容，是党中央治国理政的战略框架。党的十八大以来，面对世情国情党情的新变化，我们党围绕新时代坚持和发展什么样的中国特色社会主义、怎样坚持和发展中国特色社会主义，科学运用辩证唯物主义和历史唯物主义，进行艰辛理论探索，取得重大理论创新成果，形成了习近平新时代中国特色社会主义思想。“四个伟大”内涵丰富、思想深邃、纵贯始终、指向鲜明，既具有鲜明的中国特色，也有深邃的时代价值。习近平总书记在十九大报告中强调：“党要团结带领人民进行伟大斗争、推进伟大事业、实现伟大梦想，必须毫不动摇坚持和完善党的领导，毫不动摇把党建设得更加坚强有力。”“四个伟大”在习近平新时代中国特色社会主义思想中，已显示出整体性，并最终形成一个有

[1] 彭晓春：《统筹推进“四个伟大”》，《学习时报》2017 年 11 月 1 日。

机的战略框架。推进中国特色社会主义伟大事业的目标，是实现中华民族伟大复兴的中国梦，中国特色社会主义是实现中华民族伟大复兴的必由之路；实现中国梦不可能一蹴而就，是十分艰难曲折的过程，要实现中国梦，必须积极进行具有许多新的历史特点的伟大斗争；要领导好、进行好伟大斗争，就必须推进党的建设，坚持和完善党的领导。

从坚持和发展中国特色的实质来看，“四个伟大”是十八大以来党中央推进理论创新的实践基础。从某种意义上说，理论创新的过程就是发现问题、筛选问题、研究问题、解决问题的过程。改革开放以来，我们坚持理论创新，正确回答了什么是社会主义、怎样建设社会主义，建设什么样的党、怎样建设党，实现什么样的发展、怎样发展等重大课题，不断根据新的实践推出新的理论。习近平总书记指出：“在新的时代条件下，我们要进行伟大斗争、建设伟大工程、推进伟大事业、实现伟大梦想，仍然需要保持和发扬马克思主义政党与时俱进的理论品格，勇于推进实践基础上的理论创新。时代是思想之母，实践是理论之源。我们要在迅速变化的时代中赢得主动，要在新的伟大斗争中赢得胜利，就要在坚持马克思主义基本原理的基础上，以更宽广的视野、更长远的眼光来思考和把握国家未来发展面临的一系列重大战略问题，在理论上不断拓展新视野、作出新概括。”显然，这里所讲的“四个伟大”，就是时代的呼唤，就是党和国家发展面临的一系列重大根本问题。从深层次看，“四个伟大”是围绕“需求与供给”“目标与路径”的关系展开的，这涉及理论创新的根本问题。理论创新是“供给”方，时代呼唤、实践要求、党和国家发展需要是“需求”方；实现中华民族伟大复兴的中国梦就是目标，是党、国家和人民的殷切期待，推进中国特色社会主义伟大事业、进行具有许多新的历史特点的伟大斗争、推进党的建设新的伟大工程，分别是实现伟大梦想的必由之路、精神支撑和政治保障，能满足党、国家和人民的殷切期待。[1]

从新时代坚持和发展中国特色社会主义的内在要求来看，“四个伟大”是制定新时代中国特色社会主义行动纲领的基本遵循。党的十九大是在全面建成小康社会决胜阶段、中国特色社会主义进入新时代的关键时期召开的一次重要大会，它已经提出了具有全局性、战略性、前瞻性的行动纲领。这种行动纲领主要包括政治上和实践上的纲领。在政治上，报告明确宣示举什么旗、走什么路、以什么样的精神状态、担负什么样的历史使命、实现什么样的奋斗目标。这些重要论述与“四个伟大”相关，为我们从政治上认识和把握行动纲领提供了方向指引，是从政治上制定新时代中国特色社会主义行动纲领的基本遵循。推进中国特色社会主义伟大事业属于举什么旗、走什么路的问题。进行具有许多新的历史特点的伟大斗争主要属于具有什么样的精神状态和奋斗姿态问题。实现中华民族伟大复兴中国梦属于担负什么样的历史使命、实现什么样的奋斗目标问题。推进党的建设新的伟大工程属于怎样为伟大事业、伟大梦想、伟大斗争提供政治保障问题。这就要求，我们要运用历史的连续性和阶段性的辩证统一关系来理解“四个伟大”与以往我们党的创新理论的关系。从连续性来看，“四个伟大”与以往我们党的创新理论都把坚持和发展中国特色社会主义作为根本主题，在这一点上是一脉相承的；“四个伟大”也是从以往我们党的创新理论中继承和发展而来的。从阶段性来看，我们要站在中国特色社会主义进入新时代新的历史起点上来理解和把握“四个伟大”对以往我们党的创新理论的发展，理解对中国特色社会主义理论体系的发展：它是在中国特色社会主义进入新时代而提出来的；它使伟大斗争具有许多新的历史特点；它要求把我们党建设成世界上最强大的政党。

[1] 韩庆祥：《四个伟大凝聚新时代发展大战略》，《瞭望》2017 年第 45 期。

行百里者半九十。为了胜利走完达到目标之前的这最后“十里”路程，全党必须准备付出更为艰巨、更为艰苦的努力。在接近胜利目标的重大历史关头，我们对自身所负的历史使命就要有更为清醒更为深刻的认识，就是我们党要带领人民进行伟大斗争、建设伟大工程、推进伟大事业、实现伟大梦想。

第五章

新思想新在哪

◇ 新思想的精神实质和丰富内涵

◇ 新思想具有深厚的理论渊源和实践基础

◇ 新思想是对重大时代课题的系统解答

◇ 新思想是马克思主义中国化的最新成果

◇ 新思想是一个系统严密的科学理论体系

◇ 新思想开辟了马克思主义发展新境界

◇ 新思想具有重大深远的时代意义

党的十八大以来，国内外形势变化和我国各项事业发展给全党提出了新的重大时代课题，以习近平同志为核心的党中央，坚持以马克思列宁主义、毛泽东思想、邓小平理论、“三个代表”重要思想、科学发展观为指导，坚持解放思想、实事求是、与时俱进、求真务实，坚持辩证唯物主义和历史唯物主义，紧密结合新时代的条件和实践要求，以全新的视野深化对共产党执政规律、社会主义建设规律、人类社会发展规律的认识，进行艰辛理论探索，取得重大理论创新成果，创立了习近平新时代中国特色社会主义思想。党的十九大用“八个明确”概括了这一思想的主要内容,用“十四个坚持”明确了新时代党的基本方略。“八个明确”和“十四个坚持”阐明了习近平新时代中国特色社会主义思想和基本方略的精神实质和丰富内涵，是新时代坚持和发展中国特色社会主义的根本遵循和行动指南。

一、新思想的精神实质和丰富内涵

中国特色社会主义进入了新时代，这是我国发展新的历史方位。中国共产党人在新时代继续谱写中国特色社会主义这篇大文章，形成了习近平新时代中国特色社会主义思想。关于习近平新时代中国特色社会主义思想，可以多角度、多层次加以解读。从“八个明确”到“十四个坚持”，习近平新时代中国特色社会主义思想构成了系统完整的科学理论体系。

从内容来看，“八个明确”高度凝练、提纲挈领地点明了习近平新时代中国特色社会主义思想的主要内容：

一是明确坚持和发展中国特色社会主义，总任务是实现社会主义现代化和中华民族伟大复兴，在全面建成小康社会的基础上，分两步走在本世纪中叶建成富强民主文明和谐美丽的社会主义现代化强国。明确了总任务就是确立了总目标，并且明确了实现目标的两步走战略。第一个阶段，从2020年到2035年，基本实现社会主义现代化；第二个阶段，从2035年到本世纪中叶，建成社会主义现代化强国。分两步走把我国建成富强民主文明和谐美丽的社会主义现代化强国，这是对“两个一百年”奋斗目标的进一步理论阐述，“建成富强民主文明和谐美丽的社会主义现代化强国”是相对过去“建成富强民主文明和谐的社会主义现代化国家”的新表述。这里，实际上也阐明了中国特色社会主义的新征途，这就是决胜全面建成小康社会，开启全面建设社会主义现代化国家新征程。

二是明确新时代我国社会主要矛盾是人民日益增长的美好生活需要和不平衡不充分的发展之间的矛盾，必须坚持以人民为中心的发展思想，不断促进人的全面发展、全体人民共同富裕。中国特色社会主义进入新时代，一个重要表现就是我国社会主要矛盾发生变化。解决新的主要矛盾，要求我们着力解决好发展不平衡不充分的问题，我们所追求的发展是“全面发展”、我们所推进的社会进步是“全面进步”。我国社会主要矛盾的变化是关系全局的历史性变化，对党和国家工作提出了许多新要求。明确新时代我国社会主要矛盾是人民日益增长的美好生活需要和不平衡不充分的发展之间的矛盾，这有助于准确把握中国经济社会规律性，坚持以人民为中心的发展思想，不断促进经济社会发展和人自身的全面发展。运用辩证唯物主义和历史唯物主义的世界观方法论，对社会主要矛盾新变化的新论断，准确把握了时代脉搏和回应了人民的呼声。

三是明确中国特色社会主义事业总体布局是“五位一体”、战略布局是“四个全面”，强调坚定道路自信、理论自信、制度自信、文化自信。“五位一体”总体布局虽涉及不同领域，有各自特殊的内容和规律，但它们之间是有机统一、不可分割、相辅相成、相互促进的辩证统一关系。经济建设是建设中国特色社会主义政治、文化、社会、生态文明的前提和基础，其核心是激发群众的创造性、发展生产力，为现代化建设奠定坚实的物质生活基础；政治建设就是继续推进并深化政治体制改革，发展社会主义民主政治，建设法治国家，给每个人的发展创造平等的地位、均等的机会；文化建设就是用先进的价值观武装国民，提供强有力的精神动力和智力支持，营造丰富多彩的新生活；社会建设就是不断创新社会管理新模式；生态建设就是提供幸福、健康、宜人的生活环境。

“四个全面”战略布局自身构成一个体系，这就是“一个目标系统、三个支撑系统”：全面小康是目标系统，动力系统、治理系统、领导系统是支撑系统。“四个全面”与建设中国特色社会主义大系统紧密相连，是总布局与总方略、社会结构与社会动力、现代化道路与中国道路、制度建设与政党建设、治党治国与强军兴军的有机统一。“四个全面”是发展中国特色社会主义的重要理论与实践创新，其理论和实践价值，将随着思想的深化、实践的拓展而更加彰显。

四个自信是一个有机整体，中国特色社会主义道路是实现途径，中国特色社会主义理论体系是行动指南，中国特色社会主义制度是根本保障，中国特色社会主义文化是精神力量，它们统一于中国特色社会主义伟大实践。坚持“四个自信”，是不断把中国特色社会主义伟大事业推向前进的内在动力，也是全面建成小康社会和实现中华民族伟大复兴中国梦的根本保障。

四是明确全面深化改革总目标是完善和发展中国特色社会主义制度、推进国家治理体系和治理能力现代化。“怎样治理社会主义社会这样的全新社会”是世界社会主义发展过程中面临的新问题。全面深化改革的总目标，是我们党准确把握世情国情党情和我国改革发展阶段性特征，联系漫长的人类制度文明发展史、5000 多年中华文明史、500 年世界社会主义运动史、中国近代以来 170 多年奋斗史、我们党 90 多年革命建设改革史，在深刻把握古今中外治乱兴衰规律的基础上提出来的。确立并奋力实现这一总目标，对于坚持和发展中国特色社会主义、实现中华民族伟大复兴的中国梦，对于推进人类制度文明的发展演进，具有重大现实意义和深远历史意义。习近平新时代中国特色社会主义思想围绕“中国制度优势”“国家治理”“国家构建”作出了一系列的科学解答，为新时代继续全面深化改革提供了重要指引。

五是明确全面推进依法治国总目标是建设中国特色社会主义法治体系、建设社会主义法治国家。依法治国是坚持和发展中国特色社会主义的本质要求和重要保障，是实现国家治理体系和治理能力现代化的必然要求。全面推进依法治国的总目标，是我们党清醒认识我国发展所处的历史阶段，深刻分析国内外形势的新变化，回应广大人民群众的新期待，站在党和国家工作全局的高度提出来的，具有重大战略意义。这个总目标既明确了全面推进依法治国的性质和方向，又突出了全面推进依法治国的工作重点和总抓手，对全面推进依法治国具有“纲举目张”的意义。这就要求在中国共产党领导下，坚持中国特色社会主义制度，贯彻中国特色社会主义法治理论，形成完备的法律规范体系、高效的法治实施体系、严密的法治监督体系、有力的法治保障体系，形成完善的党内法规体系，坚持依法治国、依法执政、依法行政共同推进，坚持法治国家、法治政府、法治社会一体建设，实现科学立法、严格执法、公正司法、全民守法，促进国家治理体系和治理能力现代化。

六是明确党在新时代的强军目标是建设一支听党指挥、能打胜仗、作风优良的人民军队，把人民军队建设成为世界一流军队。面对国家安全环境的深刻变化，党的十九大对新时代中国特色强军之路、全面推进国防和军队现代化建设提出了新的要求，这既是适应世界新军事革命发展趋势和国家安全需要，又是担负党和人民赋予的新时代使命任务。

七是明确中国特色大国外交要推动构建新型国际关系，推动构建人类命运共同体。中国共产党始终把为人类做出新的更大的贡献作为自己的使命。早在1956年，毛泽东指出："中国应当对于人类有较大的贡献。""构建新型国际关系""构建人类命运共同体"既是习近平新时代中国特色社会主义思想的重要构成部分，也是我们为解决人类问题提供的中国方案、贡献的中国智慧。

八是明确中国特色社会主义最本质的特征是中国共产党领导，中国特色社会主义制度的最大优势是中国共产党领导，党是最高政治领导力量，提出新时代党的建设总要求，突出政治建设在党的建设中的重要地位。"领导我们事业的核心力量是中国共产党，指导我们思想的理论基础是马克思列宁主义。"坚持和发展中国特色社会主义，必须毫不动摇坚持和完善党的领导，毫不动摇把党建设得更加坚强有力，让我们党永远朝气蓬勃。

党的十九大深刻阐明了习近平新时代中国特色社会主义思想和基本方略，并且强调：作为习近平新时代中国特色社会主义思想精神实质和丰富内涵的"十四个坚持"，构成新时代坚持和发展中国特色社会主义的基本方略。党的基本方略是新时代坚持和发展中国特色社会主义的行动纲领，具有很强的现实针对性和指导性，全党同志必须全面贯彻党的基本理论、基本路线、基本方略，以更好引领党和人民事业发展。全面学习领会、贯彻落实习近平新时代中国特色社会主义思想和基本方略，需要从理论和实践的结合上搞清楚基本方略同指导思想的关系，基本方略同以往概括的党的基本理论、基本路线、基本纲领、基本经验、基本要求的关系，以及十四条基本方略的内在逻辑、精髓要义及其相互关系。

从习近平新时代中国特色社会主义思想和基本方略的关系来看，前者是党的指导思想和行动指南，后者是党的行动纲领。习近平新时代中国特色社会主义思想是指导思想层面的表述，在行动纲领层面的表述称之为中国特色社会主义基本方略。这是对我们党的新时代行动指南与行动纲领相互关系的精辟概括。一个马克思主义政党，既要有作为党的指导思想的行动指南，又要有体现党的指导思想的行动纲领。这两者既同等重要、缺一不可，又相互贯通、相辅相成，是携手共进的，又是与时俱进的。我们党在革命、建设、改革各个历史时期，属于党的行动纲领层面的总路线或基本路线、基本纲领或行动纲领，都是同党在各个历史时期的行动指南相伴而生的。在习近平新时代中国特色社会主义思想和基本方略中，它们共同而各有侧重地体现了新时代坚持和发展中国特色社会主义这条主线。前者更多的是从理论和实践的结合上，系统回答新时代坚持和发展什么样的中国特色社会主义；后者更多的是从理论和实践的贯彻落实上，系统回答在新时代怎样坚持和发展中国特色社会主义。正因如此，党的十九大明确指出：在新时代，中国特色社会主义基本方略就是“在各项工作中全面准确贯彻落实”“新时代中国特色社会主义思想的精神实质和丰富内涵”。可以说，新时代坚持和发展中国特色社会主义的基本方略，既是习近平新时代中国特色社会主义思想的重要组成部分，也是落实习近平新时代中国特色社会主义思想的实践要求。

从基本方略同以往概括的党的基本纲领、基本经验、基本要求的关系来看，前者与后者是继承与发展的关系。我们党是一个高度重视理论并善于进行理论概括的政党。改革开放以来，我们党紧紧围绕中国特色社会主义这个主题，在理论上不断拓展新视野、作出新概括。这些新概括，集中体现在从党的十二大到十八大逐渐形成的“五个基本”和十九大强调的“三个基本”上。从党的十二大邓小平提出“建设有中国特色的社会主义”开始，到十三大提出“社会主义初级阶段和党的基本路线”；从十四大提出党的基本理论，到十五大提出“党在社会主义初级阶段的基本纲领”；从十六大提出“党领导人民建设中国特色社会主义必须坚持的基本经验”，到十七大强调“坚持并丰富党的基本理论、基本路线、基本纲领、基本经验”，并对基本经验进行了新概括；再到十八大提出在新的历史条件下夺取中国特色社会主义新胜利必须牢牢把握的基本要求。至此，形成了基本理论、基本路线、基本纲领、基本经验、基本要求这“五个基本”。“五个基本”源于实践，是对中国特色社会主义伟大实践的科学总结；同时又指导新的实践，引领着党和人民事业不断向前发展。党的十八大以来，以习近平同志为核心的党中央，顺应时代发展，从理论和实践结合上系统回答了新时代坚持和发展什么样的中国特色社会主义、怎样坚持和发展中国特色社会主义这个重大时代课题，创立了习近平新时代中国特色社会主义思想。党的十九大确立了习近平新时代中国特色社会主义思想的历史地位，系统阐述了新时代坚持和发展中国特色社会主义的基本方略，并号召“全党同志必须全面贯彻党的基本理论、基本路线、基本方略”，由此形成了党的基本理论、基本路线、基本方略“三个基本”的最新概括。这一概况既体现了我们党对中国特色社会主义毫不动摇坚持同与时俱进发展的有机统一，也体现了继往与开来、承前与启后的有机统一，不但符合我们党与时俱进的理论品格，而且符合以习近平同志为核心的党中央提出的“在理论上不断拓展新视野、作出新概括”的要求。同时这也表明，党的十六大报告关于“我们要突破前人，后人也必然会突破我们。这是社会前进的必然规律”，是实实在在地体现在我们党的几代中央领导集体接力推进中国特色社会主义伟大事业历史进程中的。习近平总书记关于“新时代中国特色社会主义思想一是强调继承性、二是强调创新性、三是强调时代性”的论述，是对这一规律的精辟概括和科学揭示。

从基本方略与基本纲领、基本经验、基本要求的关系来看，基本方略是对基本纲领、基本经验、基本要求的整合和提炼。中国特色社会主义进入了新时代，党的十八大以来创造的新经验、提出的新理念新思想新战略，已经超出了基本纲领、基本经验、基本要求的内涵，必须在继承的基础上作出新概括。十四条基本方略表述高度凝练、内涵十分丰富，是对党的十八大以来以习近平同志为核心的党中央治国理政重大方针、原则的最新概括。如果以此对照党的十五大提出并一直沿用至十八大的基本纲领，以此对照十六大提出的十条基本经验和十七大提出的“十个结合”的基本经验，以此对照十八大提出的“八个必须坚持”的基本要求，就可以发现，这十四条基本方略有的是整合了基本纲领、基本经验、基本要求的内容，有的则根据新实践作出了新概括。可以说，基本方略与基本纲领、基本经验、基本要求的关系，是继承与发展的关系。纵览改革开放以来中国共产党的历史，从提出“建设有中国特色的社会主义”的命题，到确立“一个中心、两个基本点”的基本路线，到逐渐形成“五个基本”，再从“五个基本”到“三个基本”，从简到繁、再从繁到简，反映了党的理论创新是一个不断推进、螺旋上升的历史过程，也标志着我们党在理论上越来越自信、越来越成熟。[1]

从“十四个坚持”的内在逻辑、精髓要义及其相互关系来看，要全面贯彻新时代中国特色社会主义基本方略，需要准确把握以下六个鲜明特点：

第一，准确把握基本方略总体框架结构所蕴含的四条逻辑线索。一是体现从坚持党的领导和全面从严治党到“五位一体”总体布局、“四个全面”战略布局、国防和军队建设、国家安全、“一国两制”和祖国统一、对外战略相叠加的逻辑线索；二是体现改革发展稳定、内政外交国防、治党治国治军的逻辑线索；三是体现坚持党的领导、人民当家作主、依法治国有机统一的逻辑线索；四是体现党在新时代肩负的“四个伟大”历史使命的逻辑线索。这四条既交叉叠合又交相辉映的逻辑线索，全方位、多维度体现

[1] 姚眉平：《深入把握党的基本方略》，《光明日报》2017 年 11 月 17 日。

了对党的十八大以来我们党理论创新、实践创新、制度创新成果的大力度整合和全息化覆盖，是党在新时代具有很强思想性、战略性、前瞻性、指导性的行动纲领。

第二，准确把握基本方略所体现的新时代中国特色社会主义总体规律和各方面具体规律。十四条基本方略，既在总体框架上又在具体条文上体现了习近平新时代中国特色社会主义思想中最核心、最关键、最重要的内容，是对新时代中国特色社会主义规律的总体把握。（1）“五位一体”总体布局、“四个全面”战略布局，同我们党在20世纪80年代提出的“三位一体”总体布局、“一个中心、两个基本点”战略布局相比，其内涵和外延都大为拓展了。十四条基本方略中的每一条也都有同样的特点。（2）强调“发展必须是科学发展，必须坚定不移贯彻创新、协调、绿色、开放、共享的发展理念”“必须坚持和完善我国社会主义基本经济制度和分配制度”，坚持“两个毫不动摇”“使市场在资源配置中起决定性作用，更好发挥政府作用”。（3）强调“全面依法治国是中国特色社会主义的本质要求和重要保障”“必须把党的领导贯彻落实到依法治国全过程和各方面，坚定不移走中国特色社会主义法治道路，完善以宪法为核心的中国特色社会主义法律体系，建设中国特色社会主义法治体系，建设社会主义法治国家”。（4）强调“文化自信是一个国家、一个民族发展中更基本、更深沉、更持久的力量”“牢固树立共产主义远大理想和中国特色社会主义共同理想，培育和践行社会主义核心价值观，不断增强意识形态领域主导权和话语权”“更好构筑中国精神、中国价值、中国力量，为人民提供精神指引”。（5）强调“建设生态文明是中华民族永续发展的千年大计。必须树立和践行绿水青山就是金山银山的理念”“建设美丽中国，为人民创造良好生产生活环境，为全球生态安全作出贡献”。（6）强调“保持香港、澳门长期繁荣稳定，实现祖国完全统一，是实现中华民族伟大复兴的必然要求。必须把维护中央对香港、澳门特别行政区全面管治权和保障特别行政区高度自治权有机结合起来，确保‘一国两制’方针不会变、不动摇，确保‘一国两制’实践不变形、不走样。必须坚持一个中国原则，坚持‘九二共识’，推动两岸关系和平发展，深化两岸经济合作和文化往来，推动两岸同胞共同反对一切分裂国家的活动，共同为实现中华民族伟大复兴而奋斗”等，都是对新时代怎样坚持和发展中国特色社会主义的规律自觉认识和准确把握的体现。

第三，准确把握十四条基本方略体现的坚持党对一切工作的领导和坚持全面从严治党的极端重要性。十四条基本方略以坚持党对一切工作的领导牵头、以坚持全面从严治党收尾，紧紧扭住和高度聚焦中国共产党是当今中国最高政治领导力量，强调“党政军民学，东西南北中，党是领导一切的”，要求全党增强“四个意识”，自觉维护党中央权威和集中统一领导，自觉在思想上政治上行动上同党中央保持高度一致，完善坚持党的领导的体制机制，提高党把方向、谋大局、定政策、促改革的能力和定力，确保党始终总揽全局、协调各方。基本方略同时还强调：“勇于自我革命，从严管党治党，是我们党最鲜明的品格”，必须“把党的政治建设摆在首位，思想建党和制度治党同向发力，统筹推进党的各项建设，抓住‘关键少数’，坚持‘三严三实’，坚持民主集中制，严肃党内政治生活，严明党的纪律，强化党内监督，发展积极健康的党内政治文化，全面净化党内政治生态，坚决纠正各种不正之风，以零容忍态度惩治腐败，不断增强党自我净化、自我完善、自我革新、自我提高的能力，始终保持党同人民群众的血肉联系”等。这其中的内在逻辑就是：必须坚持在全面加强党的领导前提下全面从严治党，这表明我们党在新时代坚持搞的是立字当头、立破结合的自我革命，而不是那种“踢开党委闹革命”式的自我颠覆。这就从根本上保证了党的自我革命只会加强和改善党的领导，而决不是削弱、否定党的领导。

第四，准确把握十四条基本方略阐明的坚持以人民为中心、坚持人民当家作主、坚持在发展中保障和改善民生的统一性。在十四条基本方略中，对坚持以人民为中心、坚持人民当家作主、坚持在发展中保障和改善民生各写了一条，深刻阐明了“人民是历史的创造者，是决定党和国家前途命运的根本力量”“增进民生福祉是发展的根本目的”。这“两个根本”，不但深刻表明了我们党治国理政的政治立场、依靠力量和发展目的，而且表明我们党始终“坚持人民主体地位，坚持立党为公、执政为民”“把人民对美好生活的向往作为奋斗目标，依靠人民创造历史伟业”“坚持党的领导、人民当家作主、依法治国有机统一是社会主义政治发展的必然要求”。强调党不但要把“保证人民当家作主落实到国家政治生活和社会生活之中”，而且要“把党的群众路线贯彻到治国理政全部活动之中”,坚持“多谋民生之利、多解民生之忧，在发展中补齐民生短板、促进社会公平正义，在幼有所育、学有所教、劳有所得、病有所医、老有所养、住有所居、弱有所扶上不断取得新进展”“保证全体人民在共建共享发展中有更多获得感，不断促进人的全面发展、全体人民共同富裕”“确保国家长治久安、人民安居乐业”。这些都是习近平总书记关于党的各级领导干部都必须做到“心中有党、心中有民”的重要思想在新时代党的基本方略中的生动体现，也是在伟大事业和伟大工程中坚持党性和人民性高度统一的生动体现。

第五，准确把握总体国家安全、国防和军队建设在基本方略中的重要地位和作用。十四条基本方略从我国发展的历史方位出发，强调“坚持总体国家安全观”“统筹发展和安全，增强忧患意识，做到居安思危，是我们党治国理政的一个重大原则。必须坚持国家利益至上，以人民安全为宗旨，以政治安全为根本，统筹外部安全和内部安全、国土安全和国民安全、传统安全和非传统安全、自身安全和共同安全，完善国家安全制度体系，加强国家安全能力建设，坚决维护国家主权、安全、发展利益”。强调“坚持党对人民军队的绝对领导”“建设一支听党指挥、能打胜仗、作风优良的人民军队，是实现‘两个一百年’奋斗目标、实现中华民族伟大复兴的战略支撑”“必须全面贯彻党领导人民军队的一系列根本原则和制度，确立新时代党的强军思想在国防和军队建设中的指导地位，坚持政治建军、改革强军、科技兴军、依法治军，更加注重聚焦实战，更加注重创新驱动，更加注重体系建设，更加注重集约高效，更加注重军民融合，实现党在新时代的强军目标”。这些充分体现了我们党把有效维护国家安全作为安邦定国的重要基石；把全面推进国防和军队现代化，贯彻新形势下军事战略方针，构建中国特色现代作战体系，作为党和人民赋予人民军队的新时代使命任务。

第六，准确把握推动构建人类命运共同体的负责任大国的使命担当。实现中国梦离不开和平的国际环境和稳定的国际秩序。必须统筹国内国际两个大局，始终不渝走和平发展道路、奉行互利共赢的开放战略，坚持正确义利观，树立共同、综合、合作、可持续的新安全观，谋求开放创新、包容互惠的发展前景，促进和而不同、兼收并蓄的文明交流，构筑尊崇自然、绿色发展的生态体系，始终做世界和平的建设者、全球发展的贡献者、国际秩序的维护者。这些充分表明，中国共产党既是为中国人民谋幸福的党，也是为人类进步事业而奋斗的党。中国共产党始终把为人类作出新的更大的贡献作为自己的使命。

按照党的十九大和十九大的新党章要求，在中国特色社会主义新时代，坚持和发展这些更多把握了共产党执政规律、社会主义建设规律、人类社会发展规律的十四条基本方略，对全面贯彻落实习近平新时代中国特色社会主义思想，确保我们党始终成为中国特色社会主义事业坚强领导核心，确保我们党始终走在时代前列，确保承载着中国人民伟大梦想的中国特色社会主义航船始终破浪前进、胜利驶向光辉彼岸，确保更好实现人民对美好生活的向往，具有决定性作用。[1]

二、新思想具有深厚的理论渊源和实践基础

党的十九大把十八大以来以习近平同志为核心的党中央进行艰辛理论探索和推进理论创新的成果，概括为习近平新时代中国特色社会主义思想，并把这一重大思想确立为我们党必须长期坚持的指导思想，实现了党的指导思想的又一次与时俱进。这是十九大最突出的亮点和最重要的贡献。习近平新时代中国特色社会主义思想的形成，有着深厚的理论渊源和发展脉络，是根植于中国大地、符合中国实际、具有中国气派的科学理论，是顺应时代要求、响应人民新生、遵循执政规律的科学理论。

首先，习近平新时代中国特色社会主义思想是在推进马克思主义中国化进程中，在传承中华优秀传统文化和革命文化、社会主义先进文化中发展起来的，焕发着马克思主义的真理光芒和强大的文化力量。中华民族有着源远流长的文明史，在五千年的文明演进中从未中断，中国共产党作为马克思主义的忠实继承者和丰富发展者，也是中华优秀传统文化的忠实传承者和发扬光大者。我们党在思想理论上有两个“老祖宗”，一个是马克思主义，一个是中华优秀传统文化。马克思主义是我们党的理论基石。我们党近百年的奋斗历程，从一定意义上说就是马克思主义中国化的进程。习近平新时代中国特色社会主义思想，深深扎根于当代中国火热实践和中华民族5000多年博大文明，是马克思主义中国化最新成果，是中国特色社会主义理论体系的重要组成部分，是对马克思主义理论谱系的创造性继承和创新性发展，也是对中华优秀传统文化和革命文化、社会主义先进文化的创造性继承和创新性发展。习近平新时代中国特色社会主义思想没有丢掉

[1] 施芝鸿：《坚持和发展新时代中国特色社会主义的基本方略》，求是网，2017年11月15日。

马克思主义“老祖宗”，也没有丢掉中华优秀传统文化和革命文化、社会主义先进文化的“根脉”，而是使我们的“老祖宗”、我们的“根脉”在当今中国愈益焕发出真理的光芒、文明的光芒，使我们底气更足了、力量更强大了。这正是习近平新时代中国特色社会主义思想的独特魅力所在和独特优势所在。同时，习近平新时代中国特色社会主义思想吸吮着中华民族5000多年漫长奋斗积累的文化养分，开辟了传承和弘扬中华优秀传统文化、革命文化、社会主义先进文化的新局面，极大提升了中华民族的向心力和凝聚力，极大增强了中华民族屹立于世界民族之林的自信心和自豪感。

其次，习近平新时代中国特色社会主义思想是从习近平总书记几十年艰苦磨砺和从政实践中特别是多领域多层级领导岗位的历练中积累得来的，释放出深厚的“地气”和旺盛的活力。习近平新时代中国特色社会主义思想作为党和人民实践经验和集体智慧的结晶，习近平总书记以马克思主义政治家、理论家的深邃政治智慧和独特理论创造，为这一思想的创立发挥了决定性作用，作出了决定性贡献。习近平总书记的从政经历遍及党、政、军各个领域，历经村、县、地、市、省直至中央等层级的主要岗位，其成长之路也是习近平新时代中国特色社会主义思想的萌生和孕育过程。习近平总书记的七年知青岁月和长期地方领导实践，为习近平新时代中国特色社会主义思想的孕育和发展提供了活水源头。习近平总书记在地方的丰富实践、深邃思考和不断探索，与习近平新时代中国特色社会主义思想前后存在着一以贯之、深化拓展、不断升华的发展脉络和思想逻辑，在实践基础、理论渊源、思想内涵、精神品质、语言风格等方面具有内在的继承性和一致性，体现了党的核心、人民领袖的个人魅力、政治品格与理论品质的高度统一。正是这样的实践积淀和厚积薄发，厚植了他治国理政的扎实根基，成就了他非同凡响的领袖风范，成就了他博大精深的思想理论。

再次，习近平新时代中国特色社会主义思想，是从十八大以来的历史性成就和历史性变革中总结出来的，展现出无比广阔的时代舞台和无比强大的引领力量。当今中国在新中国成立特别是40年改革开放的基础上，取得了历史性成就，发生了历史性变革。这些给我们党提出了一个重大时代课题，那就是必须从理论和实践结合上系统回答新时代坚持和发展什么样的中国特色社会主义、怎样坚持和发展中国特色社会主义。正是围绕回答这一重大理论和实践问题，习近平总书记坚持把马克思主义基本原理同中国具体实践相结合，坚持以人民为中心，坚持问题导向，以全新视野作出战略抉择，以顶层设计谋划事业发展，带领全党全国人民开创了中国特色社会主义新时代，形成了习近平新时代中国特色社会主义思想。

最后，习近平新时代中国特色社会主义思想是从中国与世界的深度互动中成长而来的，表现出海纳百川的开放意识和造福世界的实践力量。当今世界正处于大发展大变革大调整时期，面临的不稳定性不确定性突出，逆全球化趋势凸显，人类面临的挑战进一步加剧。党的十八大以来，以习近平同志为核心的党中央科学统筹国内国际两个大局，提出了包括正确义利观、新安全观、全球治理观、人类命运共同体、“一带一路”等一系列有利于世界和平与人类进步的新理念新倡议新方案，得到了国际社会的广泛认同。尤其是，中国着力推动供给侧结构性改革，克服了经济下行压力，长时期保持中高速增长，继续在世界主要国家中处于领先位置，成为推动世界经济发展的重要引擎和支撑力量。中国不仅为世界经济社会发展提供了越来越多的“物质产品”,更为世界发展和人类进步提供超越意识形态的“中国方案”。同时，中国共产党不仅为中国人民谋幸福，也为人类进步事业而奋斗，“人类命运共同体”的倡导、“一带一路”建设、“亚投行”等表明当今中国已经名副其实成为世界和平的建设者、全球发展的贡献者、国际秩序的维护者。[1]

[1] 何毅亭：《伟大思想理论从何而来》,《光明日报》2017年11月17日。

三、新思想是对重大时代课题的系统解答

直面时代问题，坚持以时代问题为中心，回答中国特色社会主义发展的现实道路和未来走向，是新时代提出的理论创新的迫切要求。党的十八大以来，国内外形势变化和我国各项事业发展都给我们提出了一个重大时代课题。面对新情况新问题，必须有新的研究和回答，中国特色社会主义理论发展面临新的飞跃。正是在此认识基础上，以习近平同志为核心的党中央坚持问题导向，坚持解放思想、实事求是、与时俱进，紧密结合新的时代条件和实践要求，进行了艰辛理论探索，形成了习近平新时代中国特色社会主义思想。可以说，习近平新时代中国特色社会主义思想是立足中国特色社会主义进入新时代这一历史方位，直面新时代社会主要矛盾的转化，直面全面建成小康社会的实践要求等问题而进行的理论创新。

第一，习近平新时代中国特色社会主义思想根植于中国特色社会主义进入新时代这一战略判断。新思想具有鲜明的时代性，这突出地表现在它及时而客观地分析和总结了新时代变化发展的特点，提出了中国特色的时代观。首先，新思想从已经取得的历史性飞跃角度，用三个“意味着”说明了新时代的基本特征。新时代“意味着近代以来久经磨难的中华民族迎来了从站起来、富起来到强起来的伟大飞跃”；“意味着科学社会主义在二十一世纪的中国焕发出强大生机活力，在世界上高高举起了中国特色社会主义伟大旗帜”；“意味着中国特色社会主义道路、理论、制度、文化不断发展，拓展了发展中国家走向现代化的途径，给世界上那些既希望加快发展又希望保持自身独立性的国家和民族提供了全新选择，为解决人类问题贡献了中国智慧和中国方案”。其次，新思想从承前启后、继往开来的新征程角度说明新时代的基本特征。新时代是“在新的历史条件下继续夺取中国特色社会主义伟大胜利的时代”，是“决胜全面建成小康社会、进而全

面建设社会主义现代化强国的时代”，是“逐步实现全体人民共同富裕的时代”，是“奋力实现中华民族伟大复兴中国梦的时代”，是“我国日益走近世界舞台中央、不断为人类作出更大贡献的时代”。这些判断，把新时代同决胜全面建成小康社会、全面建设现代化强国、实现共同富裕、实现中华民族伟大复兴中国梦、以雄伟姿态屹立于世界民族之林等宏伟目标紧密联系在一起，从而吹响了开启新征程的时代号角。[1]

第二，习近平新时代中国特色社会主义思想根植于我国社会主要矛盾发生转化带来的新问题，是回答新问题的需要。回顾过去，从一百多年前的近代中国到新中国革命、建设和改革的各个历史时期，无不立足于时代找出路、从实践中出真知。马克思主义与中国实践相结合产生的“两次历史性飞跃”都带着鲜明的时代印记。如果说毛泽东思想、邓小平理论、“三个代表”重要思想和科学发展观分别回答了革命、社会主义、党的建设、发展等问题，那么，今天我们党应该回答“新时代之问”：坚持和发展什么样的中国特色社会主义、怎样坚持和发展中国特色社会主义。党的十九大是在全面建成小康社会决胜阶段、中国特色社会主义进入新时代的关键时期召开的一次重要大会。“两个一百年”的历史交汇期提出了新的时代任务，尤其是中国社会主要矛盾发生转化以及决胜全面建成小康社会需要新作为，一系列问题对党的指导思想的与时俱进提出了新要求。

第三，这个“新思想”之于时代，是紧密结合新的时代条件和实践要求的产物；之于理论，是马克思主义中国化最新成果，是党和人民实践经验和集体智慧的结晶，是中国特色社会主义理论体系的重要组成部分；之于实践，是对过去不平凡五年成就的深刻总结，也是指导中国特色社会主义新实践的理论武器；之于未来，是对实现社会主义现代化和中华民族伟

[1] 郝立新：《从十九大报告看党的指导思想的创新》，党建网，2017 年 11 月 16 日。

大复兴的旗帜引领。由此，全党全国人民有了奋斗的行动指南，必须长期坚持并不断发展。

实践没有止境，理论创新也没有止境。中国共产党的发展史是一部奋斗史，也是一部理论创新史。这个过程彰显了与时俱进的品质。正如人们追求美好生活、向深化改革要动力、建设一个“绿水青山就是金山银山”的美丽中国、提倡构建人类命运共同体、“打虎拍蝇”以全面从严治党等，哪一个不是新问题、新情况？哪一个不需要铿锵有力的理论回应？以习近平同志为核心的党中央给出了答案，“八个明确”让习近平新时代中国特色社会主义思想的内涵更丰富，“十四个坚持”让新时代坚持和发展中国特色社会主义的基本方略更清晰。

总之，认识习近平新时代中国特色社会主义思想，不仅要看历史、立当下、望未来，而且要站在世界社会主义五百年的轴线上观之。五百年社会主义史显得风雨苍黄、沧海桑田，而在古老中国，不到百年的奋斗与探索为社会主义书写下浓墨重彩的一笔，特别是过去五年更是栉风沐雨、砥砺前行。无论是社会实践还是思想积淀，中国都走在了世界社会主义的最前沿，正如习近平总书记所言，“科学社会主义在二十一世纪的中国焕发出强大生机活力”“给世界上那些既希望加快发展又希望保持自身独立性的国家和民族提供了全新选择”。只有这样，才能读懂习近平新时代中国特色社会主义思想的理论意义、世界意义。[1]

四、新思想是马克思主义中国化的最新成果

实践没有止境，理论创新也没有止境。世界每时每刻都在发生变化，中国也每时每刻都在发生变化，我们必须在理论上跟上时代。习近平新时

[1] 郑言之：《“新思想”正是回答了“新时代之问”》，人民网，2017 年 10 月 22 日。

代中国特色社会主义思想，是我们党勇于推进实践基础上的理论创新，系统回答新时代坚持和发展什么样的中国特色社会主义、怎样坚持和发展中国特色社会主义这一重大时代课题形成的重大理论创新，是马克思主义中国化的最新理论成果，是新时代继续推进理论创新的科学指引、行动指南。

“中国共产党之所以能够完成近代以来各种政治力量不可能完成的艰巨任务，就在于始终把马克思主义这一科学理论作为自己的行动指南，并坚持在实践中不断丰富和发展马克思主义。”从历史来看，中国共产党之所以能够带领全国各族人民实现站起来，重要原因在于实现了马克思主义中国化，形成了中国的马克思主义——毛泽东思想。改革开放以来，我们党之所以能够开创和推进中国特色社会主义伟大事业，带领中国人民实现由站起来到富起来，关键在于坚持马克思主义基本原理同中国具体实际相结合，运用马克思主义立场观点方法研究解决各种重大理论和实践问题，不断推进马克思主义中国化，科学回答了什么是社会主义、怎样建设社会主义，建设什么样的党、怎样建设党，实现什么样的发展、怎样发展等重大课题，产生了邓小平理论、“三个代表”重要思想、科学发展观、习近平新时代中国特色社会主义思想等重大理论成果，形成中国特色社会主义理论体系。围绕中国特色社会主义这个主题进行理论创新，是改革开放40年来党的历史中的一条主线，也是中国特色社会主义不断取得重大成就的理论基础。

党的十八大以来，在新中国成立特别是改革开放以来我国发展取得的重大成就基础上，党和国家事业发生历史性变革，我国发展站到了新的历史起点上，中国特色社会主义进入了新时代，这是我国发展新的历史方位。在中国特色社会主义进入新时代后，我们党面临的各种挑战前所未有，亟须继续推进实践基础上的理论创新。以习近平同志为核心的党中央高度重视理论创新，紧紧围绕新时代坚持和发展什么样的中国特色社会主义、怎样坚持和发展中国特色社会主义这一重大时代课题，以全新的视野深化对共产党执政规律、社会主义建设规律、人类社会发展规律的认识，进行艰辛理论探索，取得重大理论创新成果，形成了习近平新时代中国特色社会主义思想。党的十八大以来，我们党之所以解决了许多长期想解决而没有解决的难题，办成了许多过去想办而没有办成的大事，开创了中国特色社会主义事业新局面，关键在于我们党始终不断推进理论创新，并在其指引下不断前进。

实践是理论的基础，中国特色社会主义进入新时代，理论创新也必然进入新时代。这就要求我们保持和发扬马克思主义政党与时俱进的理论品格，勇于推进实践基础上的理论创新，在理论上不断拓展新视野、作出新概括。实现“两个一百年”奋斗目标、实现中华民族伟大复兴中国梦，需要深刻分析国际国内形势，深刻总结当代中国所发生的历史性变革和所取得的历史性成就，深刻把握新时代坚持和发展中国特色社会主义需要解决的一系列重大理论和实践问题。在这一过程中，必须不断推进实践基础上的理论创新，在理论上跟上时代，让21世纪中国的马克思主义展现出更强大、更有说服力的真理力量。

习近平新时代中国特色社会主义思想的形成，为中国特色社会主义伟大事业提供了理论指导，为新时代的理论创新指明了方向，为不断推进中国特色社会主义伟大事业提供了指引。

五、新思想是一个系统严密的科学理论体系

习近平新时代中国特色社会主义思想清晰认识和把握党和国家所处的历史方位，紧紧围绕重大时代课题，明确新时代党的历史使命，深刻阐述了新时代推进伟大事业的基本问题，明确提出新时代党的基本方略，实现了理论与实践、形势与任务、目标与方法、长远与当下、中国与世界的有

机结合、相互统一，构成了一个完整的、系统的科学理论体系。

紧紧围绕重大时代课题，这是习近平新时代中国特色社会主义思想坚持问题导向的彰显。习近平新时代中国特色社会主义思想，站在新的历史方位，把科学社会主义理论逻辑和当代中国社会发展逻辑紧密结合，对新时代坚持和发展中国特色社会主义的总目标、总任务、总体布局、战略布局和发展方向、发展方式、发展动力、战略步骤、外部条件、政治保证等基本问题进行了科学回答，并根据新的实践对经济、政治、法治、科技、文化等各方面作出了理论分析和政策指导。习近平新时代中国特色社会主义思想，深刻回答了坚持和发展中国特色社会主义的时代性全局性方向性问题，是中国特色社会主义理论体系的重要组成部分，为坚持和发展中国特色社会主义提供了根本遵循。

科学标明我国发展新的历史方位，这是习近平新时代中国特色社会主义思想的重要依据。清醒认识和准确把握党和国家所处的历史方位，是保证党的路线方针政策和全部工作切合实际需要、顺应时代潮流的关键。党的十九大指出，中国特色社会主义进入了新时代。这一重大判断，既牢牢把握社会主义初级阶段这个基本国情、牢牢立足社会主义初级阶段这个最大实际,又准确把握社会主义初级阶段不断变化的特点,在“不变”与“变”中科学定位我国社会发展阶段性特征；这一重大判断，既包括对改革开放40年历程和十八大以来取得历史性成就和历史性变革的深入总结，又包括面向未来、面向世界的目标愿景，在全面把握历史、现实与未来中清晰勾勒出奋斗足迹和美好蓝图。在新的历史方位上，我国社会主要矛盾已经转化为人民日益增长的美好生活需要和不平衡不充分的发展之间的矛盾。对我国社会主要矛盾的精准定位，是建立在对辩证唯物主义和历史唯物主义自觉运用和对当代中国发展实际科学把握基础上，具有坚实理论基础和鲜明实践指向，为制定新时代党的路线方针政策提供了现实依据。

郑重宣示新时代党的历史使命，这是习近平新时代中国特色社会主义思想的长远目标与眼下目标的统一。中国共产党人的初心和使命，就是为中国人民谋幸福，为中华民族谋复兴。中国共产党一经成立，就把实现共产主义作为党的最高理想和最终目标，义无反顾肩负起实现中华民族伟大复兴的历史使命。习近平新时代中国特色社会主义思想，对新时代实现中华民族伟大复兴面临的机遇和挑战进行了准确判断，既看到我们比历史上任何时期都更接近、更有信心和能力实现这个伟大梦想，又看到中华民族伟大复兴绝不是轻轻松松、敲锣打鼓就能实现的。由此提出:实现伟大梦想，必须进行伟大斗争、必须建设伟大工程、必须推进伟大事业。其中，起决定性作用的是党的建设新的伟大工程，就是要确保党在世界形势深刻变化的历史进程中始终走在时代前列，在应对国内外各种风险和考验的历史进程中始终成为全国人民的主心骨，在坚持和发展中国特色社会主义的历史进程中始终成为坚强领导核心。

深刻阐释推进伟大事业的基本问题，这是习近平新时代中国特色社会主义思想的具体化。习近平新时代中国特色社会主义思想，紧密结合新的时代条件和实践要求，以全新的视野对新时代坚持和发展中国特色社会主义的基本问题进行了系统总结和深入阐述。其中，实现社会主义现代化和中华民族伟大复兴居于引领地位，坚持以人民为中心的发展思想构成根本价值取向，“五位一体”总体布局和“四个全面”战略布局立起战略支柱，全面深化改革提供动力源泉，全面推进依法治国提供法治保障，建设一支听党指挥、能打胜仗、作风优良的人民军队提供力量支撑，中国特色大国外交提供外部保障，中国共产党领导是中国特色社会主义最本质的特征、中国特色社会主义制度的最大优势，等等。这些基本问题和重要内容，构成了一个逻辑严密的有机整体，实现了历史逻辑、理论逻辑和实践逻辑的贯通结合。

明确提出必须坚持的基本方略，这是习近平新时代中国特色社会主义思想的实践路径。习近平新时代中国特色社会主义思想，对改革开放以来，特别是党的十八大以来伟大实践中形成的成功经验、有效做法进行全面概括，提出新时代坚持和发展中国特色社会主义基本方略的“十四个坚持”，这十四条，涵盖改革发展稳定、内政外交国防、治党治国治军等各方面，既聚焦解决矛盾问题又着眼实现长远科学发展，既具有理念的科学性先进性又具有实践的指导性操作性。基本方略是党的基本理论、基本路线在新时代的具体延伸和科学展开，我们必须全面贯彻党的基本理论、基本路线、基本方略，更好引领党和人民事业发展。[1]

概言之，在习近平新时代中国特色社会主义思想中，包含有“新时代”“新征程”“新矛盾”“新方略”“新举措”“新要求”等新的内容，具有逐次展开的内在逻辑结构。

六、新思想开辟了马克思主义发展新境界

十月革命一声炮响，给中国送来了马克思列宁主义，马克思列宁主义实际上是马克思主义与俄国革命实际相结合的产物。在马克思列宁主义传入中国之后，中国共产党并没有教条地运用马克思列宁主义的理论，而是将其与中国实际、中国传统、中国革命相结合，在不断地“中国化”进程中推进理论创新，进而促进中国革命、建设、改革不断走向胜利。

从中国共产党 97 年发展历程来看，党把马克思列宁主义的普遍真理与中国革命实践相结合，诞生了马克思列宁主义中国化的第一个理论成果——毛泽东思想，在这个科学理论指导下，中国共产党领导中国人民取得了中国革命的胜利，建立了新中国，实现了马克思列宁主义中国化的第一次历

[1] 沈志华、崔连杰：《实现中华民族伟大复兴的行动指南》，《解放军报》2017 年 10 月 30 日。

史性飞跃。新中国成立后，怎样建设和发展社会主义，毛泽东进行了艰辛探索，发表了《关于正确处理人民内部矛盾的问题》《论十大关系》，提出了“三个世界”划分理论。在毛泽东探索的基础上，邓小平从社会主义初级阶段的国情和实际出发，做出了改革开放的伟大决策，摸着石头过河，探索出一条经济文化落后国家逐步从温饱到小康的中国特色社会主义道路，形成了邓小平理论，经过“三个代表”重要思想、科学发展观不断完善，初步形成中国特色社会主义理论体系，实现了马克思主义中国化第二次历史性飞跃。马克思主义从理论到实践，从一国到多国的飞跃，其指导实践的真理性得到进一步验证。

党的十八大以来，国内外形势变化和我国各项事业发展都给我们提出了一个重大时代课题，如何从理论和实践结合上系统回答新时代坚持和发展什么样的中国特色社会主义、怎样坚持和发展中国特色社会主义。以习近平同志为核心的党中央，以极大的政治勇气和理论创新精神，进行了划时代的理论探索，提出了一系列新理念新思想新战略，形成了习近平新时代中国特色社会主义思想，坚持和发展中国特色社会主义，开创了中国特色社会主义伟大事业和党的建设新的伟大工程新局面，实现了马克思主义中国化又一次历史性飞跃。

习近平新时代中国特色社会主义思想作为马克思主义中国化的又一次历史性飞跃，极大丰富和发展了马克思主义，丰富和发展了中国特色社会主义理论体系，坚持这个思想就是坚持马克思主义。习近平新时代中国特色社会主义思想，开辟马克思主义国别化、时代化和大众化的新境界，赋予马克思主义科学社会主义理论新的活力和生命力，以鲜明的中国特色、时代特征和大众特点载入马克思主义发展史册。

回头去看改革开放40年的发展历程，党团结带领全国各族人民进行了艰辛的实践探索，开启改革开放的伟大实践进程，锐意进取，以一往无前的创新精神，探索出一条经济文化落后的国家如何建设社会主义，如何巩固和发展社会主义的中国特色社会主义道路。用短短的几十年，迅速摆脱贫困，达到小康，初步实现了共同富裕，走过了西方资本主义国家100多年走过的工业化和现代化路程，科学社会主义在21世纪的中国焕发出强大生机活力，在世界上高高举起了中国特色社会主义伟大旗帜。

总之，党的十八大以来，以习近平同志为核心的党中央带领全党全国各族人民开创了中国特色社会主义伟大事业和党的建设新的伟大工程新局面，取得了一系列具有重大现实意义和深远历史意义的成就，实现了党和国家事业的继往开来，把中国特色社会主义推进新时代，把世界社会主义推进到新阶段。中国共产党人率领中国人民，以雄辩的事实，回答了事关世界社会主义前途命运的重大理论和实践问题，证明了马克思主义科学社会主义具有极大的制度优越性；中国发展的巨大成就使世界各发展中国家人民，在后冷战时代，看到了建设和发展具有自身历史文化特点美好生活的希望，中国道路、中国模式和中国经验，续写了低潮中的世界社会主义发展的新篇章，为世界社会主义运动从低潮中艰难复兴，提供了中国方案，贡献了中国智慧。

七、新思想具有重大深远的时代意义

党的十九大着眼中国特色社会主义事业的长远发展，顺应全党和全国各族人民的共同心愿，将习近平新时代中国特色社会主义思想与马克思列宁主义、毛泽东思想、邓小平理论、“三个代表”重要思想、科学发展观一道确定为党的行动指南，并写入党章，这是十九大的重大思想理论成果，是十九大具有划时代意义的历史贡献。习近平新时代中国特色社会主义思想，植根于新时代中国特色社会主义新的伟大实践，立足于新时代中国发展的新的历史方位，明确新时代中国共产党人的历史使命和党的基本方略，指引着新时代的前进方向，具有重大而深远的时代意义。

从马克思主义中国化的发展维度而言，习近平新时代中国特色社会主义思想，开辟了中国特色社会主义的最新境界，是马克思主义中国化的最新理论成果。党的十八大以来，以习近平同志为核心的党中央以非凡的政治智慧和强烈的历史担当，统筹推进“五位一体”总体布局、协调推进“四个全面”战略布局，党和国家各项事业全面开创新局面，改革开放和社会主义现代化建设取得历史性成就。在人民群众丰富而伟大的实践中，习近平总书记带领全党进行艰辛理论探索，提出了一系列新理念新思想新战略，推出了一系列新变革新政策新举措，拓展了一系列新视野新领域新布局，形成了习近平新时代中国特色社会主义思想。

从中国特色社会主义伟大事业的现实意义来看，习近平新时代中国特色社会主义思想，是新时代中国特色社会主义伟大事业的根本行动指南，指引着新时代中国特色社会主义的前进道路。党的十九大报告指出：经过长期努力，中国特色社会主义进入了新时代。新时代具有五个内涵和标志：“这个新时代，是承前启后、继往开来、在新的历史条件下继续夺取中国特色社会主义伟大胜利的时代，是决胜全面建成小康社会、进而全面建设社会主义现代化强国的时代，是全国各族人民团结奋斗、不断创造美好生活、逐步实现全体人民共同富裕的时代，是全体中华儿女勠力同心、奋力实现中华民族伟大复兴中国梦的时代，是我国日益走近世界舞台中央、不断为人类作出更大贡献的时代。”站在新的历史方位，实现这个新时代的奋斗目标和战略任务，必须高举习近平新时代中国特色社会主义思想伟大旗帜，用习近平新时代中国特色社会主义思想统一全党和全国各族人民的思想和行动，汇聚起气壮山河、战无不胜的磅礴力量。习近平新时代中国特色社会主义思想根据十八大以来新的实践，提出了“十四个坚持”的基本方略，内涵丰富、思想深邃、博大精深，是一个完整的科学理论体系。在全面建设社会主义现代化强国新征程上，我们肩负的任务十分艰巨繁重，还会遇到各种各样的困难，还会面临各种可以预见和难以预见的风险与挑战。只要我们坚持以习近平新时代中国特色社会主义思想为行动指南，切实用习近平新时代中国特色社会主义思想武装头脑、指导实践、推动工作，中国特色社会主义道路就会越走越宽广。

从科学社会主义的理论价值来看，习近平新时代中国特色社会主义思想彰显出新时代科学社会主义理论的蓬勃生机，是科学社会主义在21世纪的新发展。19世纪40年代末，马克思和恩格斯共同创立了科学社会主义理论。100多年来，世界共产主义运动取得了巨大的成绩和胜利，也经历了严重的挫折和失败。不管国际风云如何变幻，中国共产党人始终以大无畏的英雄气概，独立自主，走自己的道路，推动马克思主义中国化时代化大众化，科学社会主义的旗帜在世界的东方大国始终高高飘扬。在世界处于大发展大变革大调整的时期，习近平新时代中国特色社会主义思想不仅为中国人民谋幸福，为中华民族谋复兴，也密切关注世界的和平与发展，关注人类的命运和前途。习近平强调，“中国人民愿同各国人民一道，推动人类命运共同体建设，共同创造人类的美好未来”。现在世界上越来越多的国家、政党、组织和人士，高度评价习近平带领中国共产党和中国人民取得的巨大成就，密切关注习近平治国理政的做法和经验，《习近平谈治国理政》一书已翻译成23个语种、在全球160多个国家发行650多万册，充分反映出国际社会对习近平新时代中国特色社会主义思想的肯定和赞誉。习近平新时代中国特色社会主义思想在中国取得的巨大成功和在世界的影响，意味着科学社会主义在21世纪的中国焕发出了强大生机活力，这也使国际社会更多的政党、组织和人士在重新审视和学习研究马克思主义、科学社会主义，科学社会主义在当今时代放射出新的理论光芒。

从世界意义来看，习近平新时代中国特色社会主义思想，为全球治理体系改革和建设贡献出中国智慧和力量。时代是思想之母，实践是理论之源。习近平新时代中国特色社会主义思想源于实践又指导实践，始终以党和人民正在做的事情为中心，始终着眼于国家的富强、人民的幸福、民族的振兴。进入新时代，习近平总书记强调，“我国社会主要矛盾已经转化为人民日益增长的美好生活需要和不平衡不充分的发展之间的矛盾”，要求党和国家工作在继续推动发展的基础上，着力解决好发展不平衡不充分问题，更好满足人民在经济、政治、文化、社会、生态等方面日益增长的需要。习近平新时代中国特色社会主义思想蕴含的重大理论和实践成果，在国际上产生着广泛的影响。毫无疑问，当今世界，无论是发达国家还是发展中国家以及最不发达国家，都面临着发展经济、提高人民生活水平的任务。特别是广大发展中国家，既希望加快发展，又希望保持自身独立性；既希望出台改革举措，又希望社会稳定国家安定，中国的做法和经验实实在在地为这些国家和民族提供了全新选择和路径启示。习近平新时代中国特色社会主义思想集中体现了中国为解决人类问题贡献的智慧和方案，已经并必将继续受到国际社会的广泛赞誉，已经也必将为世界人民带来更多的实实在在的利益。

伟大的时代、伟大的实践，孕育和形成了习近平新时代中国特色社会主义思想。在新时代的新实践中，习近平新时代中国特色社会主义思想，必定是引领这个新时代胜利前进的伟大旗帜，[1]不仅推进中国特色社会主义伟大事业迈向新台阶，也必将为世界和平与发展贡献中国智慧、中国方案。

---

[1] 龙新民：《习近平新时代中国特色社会主义思想的时代意义》，《人民政协报》2017年10月26日。

第六章

新征程怎么走

◇ 把握全面建设社会主义现代化强国的崭新内涵
◇ 建设社会主义现代化强国“两步走”的新部署
◇ 走出一条社会主义现代化强国的新路
◇ 迈向社会主义现代化强国新征程

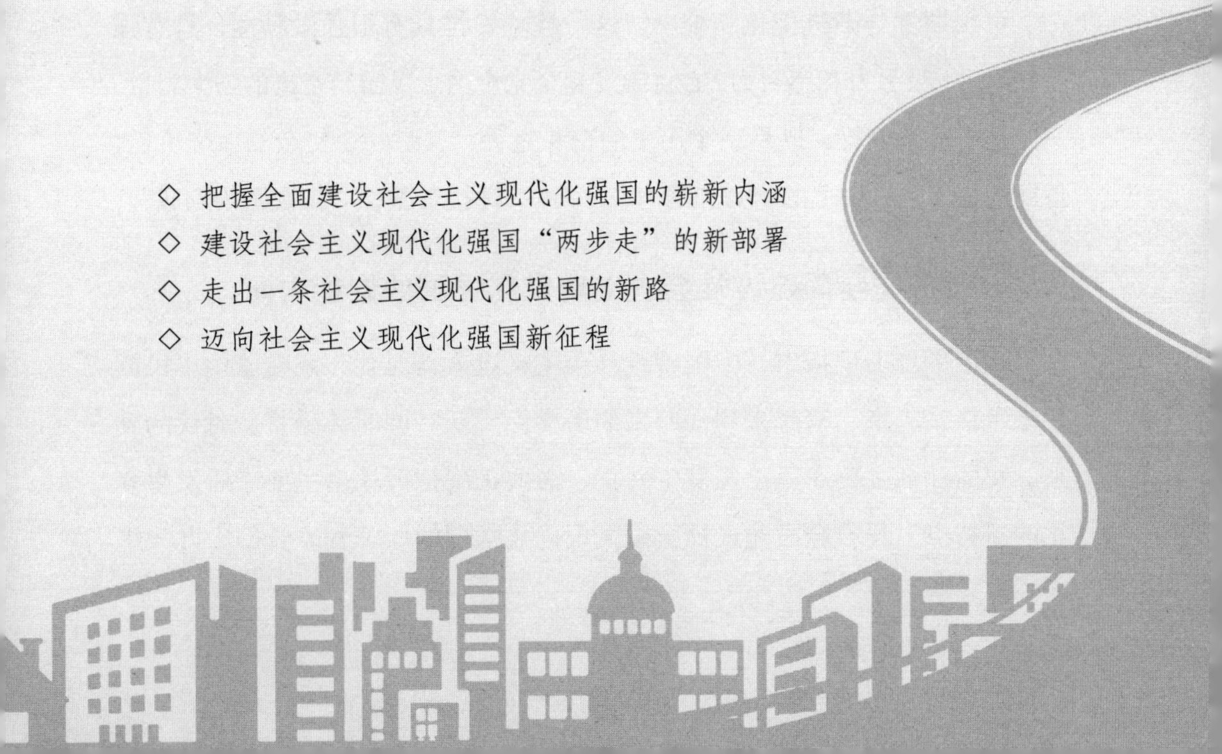

高度重视国家发展战略的谋划和实施，是我们党的一个优良传统和基本经验。从20世纪五六十年代提出“两步走”战略,到改革开放后提出“三步走”、新“三步走”、“两个一百年”等战略，都有力指引着国家的发展进步和现代化进程。党的十九大围绕新时代实现中华民族伟大复兴新的历史使命，以系统、前瞻和发展的眼光提出分“两步走”在本世纪中叶建成社会主义现代化强国的战略安排，进一步丰富和发展了我国现代化建设的战略思想，完整勾画了全面建设社会主义现代化强国的时间表和路线图。这一战略安排具有方向统领性，从中国特色社会主义长远发展进程来谋划，从中华民族伟大复兴和中国人民整体福祉来谋划，将决胜全面建成小康社会后的三十年分成“两个十五年”，必将对各个领域、各个方面的工作起到统领作用，推动形成全国一盘棋的局面。这一战略安排具有现实可行性，它充分考虑我国发展面临的良好态势与重大挑战之间的关系，考虑人民群众当前需要与未来社会发展可能之间的关系，保证目标的整体推进和突出重点相统一、可预期性与渐进优化相统一。这一战略安排具有很强激励性，具有强大凝聚力、吸引力和感召力，必将激发起全党全国人民团结奋进的强大力量。实施这一战略安排，既是一个历史的奋斗过程，又是一个复杂的系统工程，重要的是保持战略上的定力和耐力，“一锤一锤接着敲，一张蓝图绘到底”。

一、把握全面建设社会主义现代化强国的崭新内涵

习近平总书记指出，中国特色社会主义进入新时代，意味着中华民族迎来了从站起来、富起来到强起来的历史性飞跃。同时伴随着新时代的到来，我国社会主要矛盾已经发生转化，需要正确把握社会主要矛盾发生变化的新特点，开启全面建设社会主义现代化强国的新征程。党的十九大综

合分析国际国内形势和我国发展条件，把从2020年到本世纪中叶分为两个阶段来安排：第一个阶段，从2020年到2035年，在全面建成小康社会的基础上，再奋斗十五年，基本实现社会主义现代化；第二个阶段，从2035年到本世纪中叶，在基本实现现代化的基础上，再奋斗十五年，把我国建成富强民主文明和谐美丽的社会主义现代化强国。全面建设社会主义现代化强国，是十九大从战略全局上作出的规划和部署，是新时代我国社会主要矛盾发生变化后的新目标、新愿景。

十九大的一个重大贡献，就是对新征程进行了“两个十五年”顶层设计，展示了中国从全面建成小康社会到全面实现现代化的新征程、新蓝图。这一新征程和新蓝图，实质是实现社会主义现代化和中华民族伟大复兴。自1840年以来实现国家富强、民族复兴是无数仁人志士前赴后继、可歌可泣的宏大叙事和伟大梦想，但只有在这个新时代，我们才比历史上任何时期都更加接近实现中华民族伟大复兴的目标，也更有信心和能力实现这一伟大目标。因此，也只有在这个新时代，我们才真正肩负起全面建设社会主义现代化强国、实现中华民族伟大复兴的新使命，并把伟大梦想与伟大斗争、伟大工程、伟大事业有机统一起来。

在这一战略安排中，对我国社会主要矛盾深刻变化的重大判断，与上世纪社会主义初级阶段论断具有同样的历史意义；谋划现代化建设“两个十五年”的新蓝图，与邓小平提出的“三步走”战略也具有同样的历史地位。有鉴于此，从现在到本世纪中叶，根据十九大制定的蓝图，中国有了一个新“三步走”战略：第一步是到2020年决胜全面建成小康社会；第二步是到2035年基本实现现代化；第三步是21世纪中叶全面建成社会主义现代化强国。其中，最富有吸引力的是全面现代化强国这个新概念。

对于全面社会主义现代化强国，十九大给出的最新内涵是“富强民主文明和谐美丽的社会主义现代化强国”，这是以往“富强民主文明和谐的社会主义现代化国家”的升级版。其一，是在“富强民主文明和谐”加上了“美丽”这个新要素，这是贯彻创新、协调、绿色、开放、共享的新发展理念和可持续发展战略的必然要求，也是实现全面现代化的题中应有之义；其二，是把“社会主义现代化国家”提升为“社会主义现代化强国”，一字之差蕴含了深刻的战略目标转变。实现全面社会主义现代化，本质是实现中国从“大国”到“强国”的巨变,从“富起来”到“站起来”的飞跃。中国目前是世界第二大经济体，无论是从国土面积、人口数量，还是从经济总量、综合实力来看，都是一个名副其实的大国，但我国目前还不够强。从“大国”到“强国”的提升，根本是从数量向质量的提升，从效率向公平的提升，从硬实力向软实力的提升。十九大报告的一个新提法，是把中国特色社会主义事业“五位一体”总体布局进一步深化为物质文明、政治文明、精神文明、社会文明、生态文明的“五大文明”框架，并作为全面现代化的主要内涵。全面建成社会主义现代化强国，不仅需要富强，而且需要民主、文明、和谐、美丽；不仅需要富裕中国，而且需要建设法治中国、美丽中国、健康中国、平安中国；不仅要实现制造强国、贸易强国、科技强国、网络强国、交通强国、航天强国、军事强国、海洋强国，还要实现人才强国、教育强国、制度强国、文化强国。

简言之，从数量向质量的提升，从效率向公平的提升，从硬实力向软实力的提升，以及从“大国”向“强国”的提升，根本是从器物现代化向制度现代化的提升，这就是十九大报告反复提及的推进国家治理体系和治理能力的现代化。推进国家治理现代化，旨在完善和发展中国特色社会主义制度，使各方面制度更加成熟、更加定型，是中国现代化战略的大思维、大手笔、大逻辑。[1]

[1] 胡伟：《迈向全面现代化强国的新征程》，《21世纪经济报道》2017年10月26日。

二、建设社会主义现代化强国“两步走”的新部署

党的十九大报告在对决胜全面建成小康社会作出部署的同时，明确了从2020年到本世纪中叶分两步走全面建设社会主义现代化强国的新目标。“两个阶段”战略安排，描绘了建成富强民主文明和谐美丽的社会主义现代化强国的宏伟蓝图，彰显了中国共产党的战略谋划和使命担当。

在不同历史阶段，根据国际国内形势和我国发展条件，提出相应战略目标引领事业发展，是我们党执政兴国的一个重要经验。在民主革命时期，我们党提出先经过新民主主义再进行社会主义革命的革命“两步走”战略，并在新中国成立后适时提出过渡时期总路线，实现了社会主义改造，在我国确立社会主义基本政治制度；改革开放之后，我们党提出社会主义现代化建设“三步走”战略目标；新世纪，在解决人民温饱问题、人民生活总体上达到小康水平这两个目标提前实现的基础上，我们党又提出“两个一百年”奋斗目标。经过长期努力，党和国家事业发生历史性变革，中国特色社会主义进入新时代。把握历史新方位，顺应时代新特点，肩负历史使命，党的十九大提出分两个阶段实现全面建成社会主义现代化强国的战略安排，这是对“三步走”战略目标既一脉相承又与时俱进的深化和推进，凸显以习近平同志为核心的党中央运用战略思维、进行战略谋划的高超智慧和卓越能力，展现出党和国家事业蓬勃发展的光明前景。

党的十九大清晰擘画全面建成社会主义现代化强国的时间表、路线图。第一阶段是在2020年全面建成小康社会、实现第一个百年奋斗目标的基础上，再奋斗15年，在2035年基本实现社会主义现代化。到那时，我国经济实力、科技实力将大幅跃升，跻身创新型国家前列；人民平等参与、平等发展权利得到充分保障，法治国家、法治政府、法治社会基本建成，各方面制度更加完善，国家治理体系和治理能力现代化基本实现；社会文明程度达到新的高度，国家文化软实力显著增强，中华文化影响更加广泛深入；

人民生活更为宽裕，中等收入群体比例明显提高，城乡区域发展差距和居民生活水平差距显著缩小，基本公共服务均等化基本实现，全体人民共同富裕迈出坚实步伐；现代社会治理格局基本形成，社会充满活力又和谐有序；生态环境根本好转，美丽中国目标基本实现。第二阶段是，从2035年到本世纪中叶，在基本实现现代化的基础上，再奋斗15年，把我国建成富强民主文明和谐美丽的社会主义现代化强国。到那时，我国物质文明、政治文明、精神文明、社会文明、生态文明将全面提升，实现国家治理体系和治理能力现代化，成为综合国力和国际影响力领先的国家，全体人民共同富裕基本实现，我国人民将享有更加幸福安康的生活，中华民族将以更加昂扬的姿态屹立于世界民族之林。这个奋斗目标中，前一阶段是后一阶段的基础，后一个阶段是前一阶段的跃升，两者既紧密衔接又环环相扣，既明确任务又指明路径，体现了科学缜密的战略谋划。只有深刻把握“两步走”的发展脉络和实践逻辑，咬定青山不放松，保持各项战略、工作、政策、措施的连续性和前瞻性，才能一步接一步，连续不断朝着确定的目标前进。

从全面建成小康社会到基本实现现代化，再到全面建成社会主义现代化强国，要求我们坚定信念、真抓实干，不断把蓝图化为现实。从现在到2020年，是全面建成小康社会决胜期，要落实十九大作出的各项战略安排，突出抓重点、补短板、强弱项，特别是要坚决打好防范化解重大风险、精准脱贫、污染防治的攻坚战，使全面建成小康社会得到人民认可、经得起历史检验。从十九大到二十大，是“两个一百年”奋斗目标的历史交汇期。收官和开局并举，承前与启后交替，时间紧迫，任务繁重，归根到底靠实干苦干、靠开拓进取。只有撸起袖子加油干，瞄准目标不停干，才能不断开创新时代中国特色社会主义的新境界，朝着伟大目标奋勇前进。[1]

[1] 《深刻把握“分两步走”的新目标》，新华社，2017年10月21日。

三、走出一条社会主义现代化强国的新路

习近平总书记在党的十九大报告中指出，中国特色社会主义进入新时代，意味着中国特色社会主义道路、理论、制度、文化不断发展，拓展了发展中国家走向现代化的途径，给世界上那些既希望加快发展又希望保持自身独立性的国家和民族提供了全新选择，为解决人类问题贡献了中国智慧和中国方案。习近平总书记的表述充分肯定了中国特色社会主义现代化新路的伟大历史意义和现实意义，是一条不同于西方传统现代化道路的新模式，是一条具有中国特色的，同时又具有世界意义的现代化新路。

从人类文明发展史来看，一个国家、一个民族要想在历史长河中永葆生机、勇立潮头，一定要大踏步赶上时代，而走向现代化就是20世纪以来的时代召唤。所以，中国社会在20世纪中叶政治上“站起来”之后迅速进行社会主义改造，集全社会之力建设独立完整的社会主义工业体系，建设“四个现代化”，就是旨在通过现代化让中国社会在经济社会各个方面也真正“站起来”；进入改革开放的历史阶段后，中国社会又致力于建设小康社会，同样是在希望通过实现富裕走向现代化。在20世纪80年代初，小康社会就是邓小平心中的“中国式的现代化”，后来它成为了中国社会的第一个百年目标。当前,中国特色社会主义进入新时代,中国开启了从“富起来”到“强起来”的历史飞跃新征程，这既是中国特色社会主义现代化道路的胜利，又昭示了中华民族伟大复兴新征程的新阶段。

党的十九大报告指出，从十九大到二十大，是“两个一百年”奋斗目标的历史交汇期。在“历史交汇期”，我们既要全面建成小康社会、实现第一个百年奋斗目标，又要乘势而上开启全面建设社会主义现代化国家新征程，向第二个百年奋斗目标进军。再过不到三年时间，全面建成小康社会这一目标就将完美收官，中国社会“富起来”的历史任务即将完成。在这样的背景下，适时做出重大战略调整与战略部署，开始向第二个百年目标

进发，推动实现全面现代化就成为了势所必至、理所当然的战略选择。党的十九大提出的“两步走”的战略正是对中国特色社会主义进入新时代做出的重大战略安排，这也是对我国20世纪80年代提出的“三步走”战略目标的坚持与发展。其坚持体现在中国社会走向现代化的目标坚定不移，其发展体现在中国社会走向现代化的标准在提高。当年“三步走”战略目标是到新中国成立一百年时，基本实现现代化，把我国建成社会主义现代化国家。现在“两步走”的实现时间没有变，现代化目标的标准却在提高。首先是把实现基本现代化作为第一步走的目标提前到了2035年，到2050年的第二步走的目标则提升为“全面现代化”,从“现代化国家”提升为“现代化强国”，而且全面现代化的内容也更加全面，在“富强民主文明和谐”之后又加上了“美丽”这一要求。这充分体现了以习近平同志为核心的党中央不忘初心、牢记使命，勇于担当、自我加压的崇高实践品格。

此外，中国的现代化道路还是一条文明发展的新道路，既是中国走向现代化的独特发展道路，又具有世界意义，彰显普遍性和特殊性的统一。现在一些西方发达国家之所以炒作“修昔底德陷阱”，固然有遏制中国“强起来”的意图，但也确实是基于他们一种真实的恐惧。中国式的现代化是把世界作为一个“人类命运共同体”来构建的。在这一世界图景中，不再是弱肉强食，也不再是赢者通吃，没有中心与边缘之分，没有宗主国与殖民地之别，每个国家、每个民族都可以在“各美其美”的同时“美美与共”，可以在共商共建中实现共赢共享。这一文化价值观念经过创造性转换和创新性发展，已经充分体现在今日中国的“一带一路”倡议中，体现在中国参与全球治理提供的“中国方案”中。在这个意义上讲，中国社会的现代化不仅为世界繁荣发展做出了贡献，更为世界文明进步做出了贡献。[1]

[1] 辛鸣：《走出一条社会主义现代化强国的新路》,《学习时报》2017年11月1日。

总之，党的十九大战略安排所确定的宏伟奋斗目标，是我们党在实现中华民族伟大复兴征程上向全国人民作出的庄严承诺。实现这个庄严承诺，需要全党以永不懈怠的精神状态和一往无前的奋斗姿态，坚忍不拔、锲而不舍，付出长期艰苦努力。必须加强理论武装，用习近平新时代中国特色社会主义思想武装全党，统一行动；必须牢牢把握发展这个党执政兴国的第一要务，从我国仍处于并将长期处于社会主义初级阶段的基本国情出发，依据主要矛盾变化，紧紧扭住经济建设这个中心，贯彻新发展理念，重点解决不平衡不充分发展的问题；必须毫不动摇坚持党的全面领导，增强“四个意识”，坚定“四个自信”，坚定不移全面从严治党，使党永葆朝气、永葆活力，既政治过硬，又本领高强，出色地担当和胜任“引领承载着中国人民伟大梦想的航程破浪前进”的舵手职责。

四、迈向社会主义现代化强国新征程

在党的十九大报告中，习近平总书记立足中国特色社会主义进入新时代的战略判断，向全党发出号召，要“决胜全面建成小康社会，开启全面建设社会主义现代化国家新征程”。推进新时代社会主义现代化，是实现中华民族伟大复兴中国梦的必然要求，是建设中国特色社会主义伟大事业的基本内容和主要方面，必然伴随着具有许多新的历史特点的伟大斗争，需要实现党在指导思想上的与时俱进。习近平新时代中国特色社会主义思想的形成，是十八大以来党的重大理论创新成果，必须不折不扣地贯彻到现代化建设的各领域、全过程。在现代化建设的新征程中落实这一思想，应重点把握好以下三点：

一是深刻认识开启全面建设社会主义现代化强国新征程是实现中华民族伟大复兴的需要。实现中华民族伟大复兴，是近代以来中华民族最伟大的梦想。中华民族有五千多年的文明史，为人类作出了卓越的贡献。由于近代中国未能跟上西方工业革命的步伐，鸦片战争又将中国推向半封建半殖民地的深渊，中国与西方世界的差距越来越大，并不断受到西方列强的欺凌。在惨痛的现实和教训面前，中国的仁人志士自19世纪初期便开始认识到，要使中华民族自立于世界民族之林，实现民族复兴，就必须推进国家的现代化。他们为此进行了各种各样的尝试，付出了艰辛的努力，但直到新中国成立，中国的现代化并没有取得重大进展。新中国的成立和社会主义基本政治制度的确立，为中国的现代化之路提供了根本政治前提和制度基础。从此，在中国共产党的领导下，中国的现代化踏上起飞的进程，并取得一个又一个辉煌的成就。根据党中央的战略部署，到2020年，我们将全面建成小康社会。但是，要清醒地认识到，全面建成小康社会只是我国现代化的新起点，必须在此基础上，开启现代化建设的新征程。一方面，我们在产业发展、科技创新、生态环境保护等领域与发达国家还有明显差距。另一方面，随着新科技革命成果的不断涌现及其广泛应用，从全球范围看，经济、社会、文化等领域将出现一系列新的变化，现代化无论在物质层面还是在精神层面都将会有更加丰富的内容。这些都要求我们在现代化的征程中不能止步不前，必须不断前行。

二是深刻认识开启全面建设社会主义现代化强国新征程需要明确现代化的目标和方向。现代化是由传统社会向现代社会全方位转变的过程，既包括经济、政治、文化、社会、生态等领域的一系列变迁，也包括地区之间、城乡之间、社会各阶层之间利益格局的深刻变化；既充满着机遇，也充满了新的矛盾和挑战。先发国家的现代化基本上是一个自发的过程，往往在经济社会出现严重问题之后，才采取一些矫正和补救措施，在取得巨大成就的同时，也付出了巨大、惨痛的代价。国际经验表明，只有在准确把握现代化规律的基础上，通过制定和实施系统、协调的战略，妥善处理各种社会矛盾和利益关系，很好地驾驭现代化，现代化过程才能比较平稳，才能少付出些代价。中国的现代化是社会主义的现代化，应当也有条件以明确的目标和前瞻性的战略加以引导。党的历代领导人都非常注重通过明确目标并制定相应的战略来推动现代化。在新中国成立头30年的发展过程中，党中央先后提出了建设“强大的现代化的工业、现代化的农业、现代化的交通运输业和现代化的国防”“在20世纪内,把中国建设成为一个具有现代农业、现代工业、现代国防和现代科学技术的社会主义强国”的目标。经过改革开放前30年的艰辛探索，我国建立了社会主义制度，在一穷二白基础上建成了独立的工业体系和国民经济体系。改革开放后，党中央在20世纪80年代，在清醒认识基本国情和深刻分析国内外形势变化的基础上，提出了“三步走”的战略目标，之后又提出了“两个一百年”奋斗目标，并逐渐丰富现代化的目标要求,提出了“五位一体”总体布局和“四个全面”战略布局。按照党的十八大提出的要求和十九大的部署，到2020年，中国将全面建成小康社会，现代化进入新的历史阶段。在新的历史阶段，如何更好更顺利地推进现代化，现在必须作出安排。在这种背景下，党的十九大对中国的现代化作出了新的部署。党的十九大提出的社会主义现代化建设新目标、新部署，涉及经济、政治、文化、社会、生态等领域，突出了人的全面发展和实现共同富裕的要求，突出了社会公平正义的要求，突出了人与自然和谐相处、实现永续发展的要求，反映了人类社会发展进步的总趋势，回应了人民对过上美好生活的新向往，体现了发展的无限性和发展的阶段性的统一。这是以习近平同志为核心的党中央，根据时代条件的变化，深刻分析世情国情党情，准确认识把握共产党执政规律、社会主义建设规律和人类社会发展规律，作出的战略抉择，将指引中国现代化不断取得新的成就。

三是开启建设社会主义现代化强国新征程必须全面贯彻习近平新时代中国特色社会主义思想。推进新时代的现代化，是实现中华民族伟大复兴中国梦的必然要求，是建设中国特色社会主义伟大事业的基本内容和主要方面，必然伴随着具有许多新的历史特点的伟大斗争，需要实现党在指导思想上的与时俱进。作为十八大以来我们党的重大理论创新成果，习近平新时代中国特色社会主义思想，继承和发展了马克思列宁主义、毛泽东思想、邓小平理论、“三个代表”重要思想、科学发展观，系统地回答了新时代坚持和发展中国特色社会主义的总目标、总任务、总体布局、战略布局和发展方向、发展方式、发展动力、战略步骤、外部条件、政治保证等基本问题，内容丰富，覆盖全面，是推进中国现代化必须始终坚持的指导思想。在现代化建设的新征程中必须全面落实这一思想，必须不折不扣地贯彻到现代化建设的各领域、全过程。[1]

旗帜引领方向，灯塔指明航向。党的十九大深刻回答了新时代坚持和发展中国特色社会主义的全局性方向性问题，描绘了全面建成小康社会、加快推进社会主义现代化国家建设、实现中华民族伟大复兴中国梦的宏伟蓝图，对决胜全面建成小康社会、夺取新时代中国特色社会主义伟大胜利作出了全面部署，开启了全面建设社会主义现代化强国的新征程。新征程使命更加光荣、任务更加艰巨，不可能都是平坦的大道，不可能轻而易举、一帆风顺，要战胜将会面对的许多重大挑战、重大风险、重大阻力、重大矛盾，不断夺取胜利，不仅需要充分的信心和坚定的决心，最重要的是沿着正确的方向前进。习近平新时代中国特色社会主义思想为党和国家事业进一步发展指明了方向。这一已经被实践证明了的科学真理，就是新时代中国共产党人的精神支柱、中国人民的力量源泉，就是我们迈进新时代、开启新征程的行动指南，就是指引中华民族伟大复兴的巨轮行稳致远、破浪前进的光明灯塔。方向决定胜败，方向决定命运，在新征程上，我们必须始终坚定自觉地高举习近平新时代中国特色社会主义思想伟大旗帜。

[1] 参见李伟：《开启全面建设社会主义现代化国家新征程》，《求是》2017 年 11 月 15 日。

第七章

新部署怎么干

- ◇ 全面建成小康社会是实现中国梦的关键一步
- ◇ 准确把握全面建成小康社会的战略布局
- ◇ 牢固树立和贯彻新发展理念
- ◇ 推进现代化经济体系建设
- ◇ 把握供给侧结构性改革这条主线
- ◇ 着力解决经济发展不平衡不充分的问题
- ◇ 以新发展理念助力打赢脱贫攻坚战
- ◇ 在补短板中提高保障和改善民生水平

到2020年全面建成小康社会，是我们党向人民、向历史作出的庄严承诺。党的十八大以来，以习近平同志为核心的党中央团结带领全党全国各族人民砥砺前行，在全面建成小康社会征程上步履铿锵，取得了重大成就，积累了宝贵经验。习近平总书记在党的十九大报告中指出："从现在到二〇二〇年，是全面建成小康社会决胜期。要按照十六大、十七大、十八大提出的全面建成小康社会各项要求，紧扣我国社会主要矛盾变化，统筹推进经济建设、政治建设、文化建设、社会建设、生态文明建设，坚定实施科教兴国战略、人才强国战略、创新驱动发展战略、乡村振兴战略、区域协调发展战略、可持续发展战略、军民融合发展战略，突出抓重点、补短板、强弱项，特别是要坚决打好防范化解重大风险、精准脱贫、污染防治的攻坚战，使全面建成小康社会得到人民认可、经得起历史检验。"党的十九大报告对新时代决胜全面小康作出战略部署，为全面建成小康社会的目标提供了根本遵循。不忘初心，牢记使命，就是要深刻认识到，"从十九大到二十大，是'两个一百年'奋斗目标的历史交汇期。我们既要全面建成小康社会、实现第一个百年奋斗目标，又要乘势而上开启全面建设社会主义现代化国家新征程，向第二个百年奋斗目标进军"，围绕党的十九大的战略部署，把握全面小康社会的目标要求，打赢三大攻坚战，使全面建成小康社会得到人民认可、经得起历史检验。

一、全面建成小康社会是实现中国梦的关键一步

改革开放之初，我们党对我国社会主义现代化建设作出战略安排，提出"三步走"战略目标。当前，解决人民温饱问题、人民生活总体上达到小康水平这两个目标已经提前实现。在此基础上，我们党提出了到2020年

全面建成小康社会，然后到新中国成立100年时基本实现现代化，把我国建成社会主义现代化国家。习近平总书记反复强调，全面建成小康社会是实现中华民族伟大复兴中国梦的关键一步。这一论断内涵十分丰富，深刻揭示了全面建成小康社会的重大现实意义和深远历史意义，揭示了全面建成小康社会的艰巨性和复杂性，揭示了当代中国共产党人的责任义务和使命担当。要实现中华民族伟大复兴中国梦，必须确保全面建成小康社会圆满如期实现，为实现伟大复兴中国梦夯实根基。

全面建成小康社会是当代中国共产党人的光荣使命和责任担当。我们党从成立那天起，就肩负着实现中华民族伟大复兴的历史使命。我们党领导人民进行革命、建设和改革，就是要让中国人民富裕起来，国家强盛起来，振兴伟大的中华民族。97年来，一代代中国共产党人把这一责任扛在肩上，前仆后继，奋斗牺牲，不断向着这个目标迈进。一代人有一代人的责任，一代人有一代人的担当。按照现代化建设“三步走”的战略部署和党的十八大提出的“两个一百年”奋斗目标，我们这一代人担当的责任，就是要到2020年使国内生产总值和城乡居民人均收入比2010年翻一番，建成惠及十几亿人口的全面小康社会，实现第一个百年奋斗目标；同时为到新中国成立100年时建成富强民主文明和谐的社会主义现代化国家，实现第二个百年奋斗目标，实现中华民族伟大复兴的中国梦，打下坚实的基础。党的十九大立足十八大以来的伟大成就和伟大变革，提出分两个阶段实现全面建成社会主义现代化强国的战略安排，进一步细化了全面建成小康社会、基本实现社会主义现代化、建成富强民主文明和谐美丽的社会主义现代化强国的内涵及其关系。这既彰显了中国共产党人勇于担当、高瞻远瞩，又给我们绘制了蓝图，指明了方向。

全面建成小康社会是我们党向人民作出的庄严承诺。我们党在不同历史时期，总是根据人民意愿和事业发展需要，提出富有感召力的奋斗目标，团结带领人民为之奋斗。在革命年代，以毛泽东为代表的第一代中国共产党人心系民族、心系群众，先后提出了新民主主义总路线，带领全国人民取得新民主主义革命的胜利，实现了中华民族“站起来”。在新中国成立之后，又适时提出过渡时期总路线，给全国各族人民绘制了社会主义的美好愿景，并最终顺利完成社会主义改造，在我国建立了社会主义制度。改革开放之初，邓小平用小康来诠释中国式现代化，明确提出到20世纪末在中国建立一个小康社会的奋斗目标。在全党全国各族人民共同努力下，这个目标在20世纪末如期实现，人民生活总体上达到小康水平。在这个基础上，党的十六大提出21世纪头20年全面建设惠及十几亿人口的更高水平的小康社会的奋斗目标。党的十八大根据形势变化，对这一目标又进行了充实和完善，提出到2020年全面建成小康社会的奋斗目标。现在，这个时跨21世纪头20年的奋斗历程到了需要一鼓作气向终点线冲刺的历史时刻，到了我们要向人民兑现承诺的关键时刻。

党的十八大报告明确了全面建成小康社会的目标，提出了经济持续健康发展、人民民主不断扩大、文化软实力显著增强、人民生活水平全面提高、资源节约型环境友好型社会建设取得重大进展等具体要求。党中央在关于“十三五”规划的建议中进一步明确了经济保持中高速增长、人民生活水平和质量普遍提高、国民素质和社会文明程度显著提高、生态环境质量总体改善、各方面制度更加成熟更加定型的新要求。实现这些目标，人民的生活水平和中国的综合国力就上了一个大台阶，党的执政基础就会更加巩固。基于此，习近平总书记指出：全面建成小康社会，是我们对全国人民的庄严承诺，必须实现，而且必须全面实现，没有任何讨价还价的余地。不能到了时候我们说还实现不了，再干几年。也不能到了时候我们一边宣布全面建成了小康社会，另一边还有几千万人生活在扶贫标准线以下。如果是那样，必然会影响人民群众对全面小康社会的满意度和国际社会对全面小康社会的认可度，也必然会影响我们党在人民群众中的威望和我们国家在国际上的形象。党的十九大进一步提出了全面建成小康社会决胜期的战略安排，提出科教兴国战略、乡村振兴战略、区域发展战略等十大战略，突出抓重点、补短板、强弱项，特别是要坚决打赢防范化解重大风险、精准脱贫、污染防治三大攻坚战的任务，提出了得到人民认可、经得起历史检验的两大验收标准，进一步明确了新时代决胜全面建成小康社会的要求。

全面建成小康社会是我们党现阶段为之奋斗的战略目标。全面建成小康社会是实现社会主义现代化建设第三步战略目标必经的承上启下的发展阶段。第一个百年奋斗目标如期实现了，我们就有了更加坚实的基础、更加有利的条件，第二个百年奋斗目标才能顺利起步，顺利推进，并最终实现。古人说："其作始也简，其将毕也必巨。"我们必须清醒看到，如期全面建成小康社会，我们已经有了很好的基础，但也面临艰巨任务，前进道路并不平坦，诸多矛盾叠加、风险隐患增多的挑战依然严峻复杂。如果应对不好，就会延误甚至中断全面建成小康社会进程。对此，我们必须做好充分的思想准备和工作准备，必须认清形势，坚定信心，聚精会神，顽强奋斗。党的十九大指出，"从十九大到二十大，是'两个一百年'奋斗目标的历史交汇期。我们既要全面建成小康社会、实现第一个百年目标，又要乘势而上开启全面建设社会主义现代化国家新征程，向第二个百年奋斗目标进军"。这进一步明确了现阶段全党的阶段任务，全党必须深刻认识"历史交汇期"的关键所在，必须深刻认识"历史交汇期"的战略部署和实践要求。

过去，生产力发展不能满足人民群众的需要是主要矛盾，一些矛盾和问题是由于经济发展水平低、老百姓收入少造成的。当前，我国社会主要矛盾发生转化，不发展有不发展的问题，发展起来有发展起来的问题，而且并不比发展起来前少，甚至更多更复杂了。今后几年，可能是我国发展面临的各方面风险不断积累，甚至集中显露的时期。如果发生重大风险却扛不住，全面建成小康社会进程就可能被迫中断。“知其事而不度其时则败。”正是为了破解发展中的难题、抵御前进中的风险、拓展发展的道路，党的十八大以来，以习近平同志为核心的党中央立足我国发展实际，从坚持和发展中国特色社会主义的全局出发，提出全面建成小康社会、全面深化改革、全面依法治国、全面从严治党的战略布局，形成了新的历史条件下治国理政的一系列新理念新思想新战略。我们一定要紧紧围绕全面建成小康社会目标，以习近平新时代中国特色社会主义思想为引领，树立攻坚克难的信心，凝聚推进事业的力量，把全面建成小康社会各项任务落到实处，担当起我们这一代人应该担当的责任。[1]

二、准确把握全面建成小康社会的战略布局

党的十八大以来，习近平总书记站在党和国家事业发展全局的高度，对全面建成小康社会作出一系列重要论述，形成了完整的全面建成小康社会的理论与战略体系。认真学习习近平总书记关于全面建成小康社会重要论述，准确把握全面建成小康社会的战略布局，对于用新发展理念引领和推动全面建成小康社会进程，进而夺取全面建成小康社会决胜阶段的伟大胜利、开启全面建设社会主义现代化强国新征程具有十分重要的意义。

习近平总书记非常重视从历史中汲取智慧，他在不少论述中明确讲到中国人民近代以来 170 多年的持续奋斗、中华人民共和国成立 60 多年的持续探索和改革开放 40 年的伟大实践，并多次强调要从新的历史起点出发、要立足于新的历史征程。这些思想启示我们，准确把握全面建成小康社会战略布局，首先要在历史进程中把握全面建成小康社会的战略定位。

从中国近代以来的历史进程看，1840 年鸦片战争到 21 世纪中叶，是

[1] 参见孙业礼：《实现中华民族伟大复兴中国梦的关键一步》，《求是》2017 年第 9 期。

中华民族从屈辱走向复兴的两百多年。这个历史进程大致可以划分为两个一百年：在1840年到1949年的第一个一百多年里，中华民族实现了民族独立、人民解放的历史任务，为现代化建设和人民生活改善奠定了最基本的政治基础和制度基础；在1949年到2050年的第二个100余年中，中国要完成国家繁荣富强、人民共同富裕的历史任务。只有实现了第二个历史任务，才真正实现了中华民族的伟大复兴。今天，中国已处在为完成这一历史任务而奋斗的百年战略大定位中。正是在这个百年战略定位中，我国发展进入了全面建成小康社会的重要阶段。

从现代化建设“三步走”发展战略来看，第二个百年历史进程又可以划分为前后两个50年。经过新中国成立后前30年对现代化建设道路的艰辛探索和改革开放20来年的努力与奋斗，我国于20世纪末完成了“三步走”战略的前两步，实现了从贫困到温饱再到总体小康的历史性跨越，这就是第二个百年历史进程中的第一个50年。进入21世纪，中国正处在现代化建设的第三步发展战略中，就是要再用50年时间基本实现现代化，实现中华民族的伟大复兴。正是在这个50年战略定位中，习近平总书记提出并形成了全面建成小康社会的战略布局。

当前，全面建成小康社会进入了决胜阶段。新世纪的前20年，就是要在总体小康的基础上全面建成小康社会，为后30年在更高水平上推进现代化奠定坚实的基础。“十三五”时期，我国进入了全面建成小康社会的决胜阶段。习近平总书记根据全面建成小康社会决胜阶段面临的新形势，不断丰富全面建成小康社会的战略布局，形成了系统、完整、重大的战略部署，是指导我们取得全面建成小康社会决胜阶段伟大胜利的根本遵循。

围绕全面建成小康社会的战略目标，习近平总书记曾指出，面向未来，中国将相继朝着两个宏伟目标前进：一是到2020年国内生产总值和城乡居民人均收入比2010年翻一番，全面建成惠及十几亿人口的小康社会；二是到2049年新中国成立100年时建成富强民主文明和谐的社会主义现代化国家，即“两个一百年”奋斗目标。党的十九大报告对社会主义现代化强国建设目标作了新的表述，强调社会主义现代化强国的目标是富强民主文明和谐美丽,并对全面建成小康社会后的30年作出“两个阶段”的战略安排。全面建成小康社会的战略目标，是“两个一百年”奋斗目标中的第一个百年奋斗目标，它指明了新阶段中国经济社会发展的任务，展示了新世纪新阶段中国经济社会发展的灿烂前景。

从“五位一体”全面发展的奋斗目标来看，全面建成小康社会的奋斗目标，既包括了经济发展的目标，也包括了社会全面进步的目标，还包括了人民生活水平全面提高的目标，是中国特色社会主义经济、政治、文化、社会和生态文明建设全面发展的目标。其中，经济发展是居于首位的奋斗目标，不仅包括经济总量，更包含经济发展的质量，尤其是要增强发展的平衡性、协调性、可持续性；在政治建设方面，要不断扩大人民民主，进一步完善民主制度；在文化建设方面，要显著提高国民素质和社会文明程度，显著增强文化软实力；在社会建设方面，要总体上实现基本公共服务均等化，保持社会和谐稳定；在生态文明建设方面，资源节约型、环境友好型社会建设要取得重大进展，从根本上扭转生态环境恶化趋势。尤为重要的是，全面建成小康社会的奋斗目标，是人民生活水平和质量全面提高的目标。这集中地表现为城乡居民人均收入2020年比2010年翻一番，相当幅度缩小居民收入差距，扩大中等收入群体，提升低收入群体收入水平，实现农村贫困人口全部脱贫。

从推进中国社会主义现代化进程来看，全面建成小康社会是统一于现代化进程的奋斗目标。从中国共产党带领中国人民奋斗的历史进程来看，全面建成小康社会是我们党的第一个百年目标，同时也是实现第二个百年目标过程中的阶段性目标，既融会在第二个百年目标实现的过程和内容中，同时也为第二个百年目标的实现创造条件。就不同发展阶段的依次递进和内在联系而言，一方面，全面建成小康社会的奋斗目标，是我国现代化起步阶段完成以后持续推进现代化进程的阶段性目标，是现代化起步阶段奋斗目标的必然延续；另一方面，全面建成小康社会奋斗目标的实现，会为我国现代化全面实现阶段奠定坚实的基础，使中国可以在一个更高的水平上跨入推进现代化进程的新阶段。

从定性定量规定的奋斗目标来看，一个国家经济社会发展与现代化的程度可以用一系列具体指标来衡量，如物质生活质量指数、现代化综合评估指标体系、基本实现现代化主要指标体系等。我国全面建成小康社会的奋斗目标，包括到2020年国内生产总值和城乡居民人均收入比2010年翻一番。同时，实现农村贫困人口全部脱贫，户籍人口城镇化率超过45%，常住人口城镇化率超过60%，经济结构进一步优化升级，城乡区域发展协调性明显增强，生态环境质量总体改善，等等。这些目标，既体现了全面建成小康社会的一系列定性要求，也包括着可以具体衡量、判断的定量指标，形成了全面建成小康社会的指标体系。

对于如何实现全面建成小康社会战略目标，习近平总书记在党的十九大报告中做了重要论述，实际上明确了我国决胜全面建成小康社会的一系列战略内容，为全面建成小康社会提供了指引。

战略前提是准确把握历史起点与严峻挑战。习近平总书记反复强调，中国经济社会发展取得巨大成就，但与此同时，中国依然是世界上最大的发展中国家，在发展道路上面临的风险和挑战依然会很大、很严峻，要实现已确定的奋斗目标必须持续地付出艰辛努力。经过新世纪十几年的发展，我国综合国力、人民生活水平和国际竞争力都迈上一个大台阶，国家面貌发生了新的历史性变化，这使得全面建成小康社会具有了坚实基础。但全面建成小康社会也面临来自国际环境和国内发展的一系列严峻挑战。从国际环境看，国际金融危机深层次影响在相当长时期依然存在，保护主义抬头，外部环境不稳定不确定因素增多。从国内发展看，不平衡、不协调、不可持续问题仍然突出，表现为结构性产能过剩严重、金融风险积聚、城乡区域发展差距和居民收入差距较大等。因此，全面建成小康社会，必须站在新起点上清醒认识与准确把握面对的严峻挑战。

战略任务是以新发展理念引领发展。面对全面建成小康社会决胜阶段的新形势，习近平总书记明确提出了创新、协调、绿色、开放、共享的新发展理念。新发展理念是我国全面建成小康社会乃至更长时期关于发展动力、要求、条件、途径和目的等重大发展问题的根本观点，具有战略性、纲领性、引领性，深刻揭示了实现更高质量、更有效率、更加公平、更可持续发展的必由之路。实现全面建成小康社会目标，必须以新发展理念来指导和引领发展，不断破解发展难题，厚植发展优势。要坚持创新发展，着力提高发展质量和效益；坚持协调发展，着力增强发展的整体性和协调性；坚持绿色发展，着力推广绿色发展方式与绿色生活方式；坚持开放发展，着力扩大高层次全方位对外开放；坚持共享发展，着力增进人民福祉。

战略重点是突出精准扶贫、脱贫攻坚。习近平总书记多次论述了我国全面建成小康社会的短板以及与此相联系的战略重点，其中最为突出的，是数千万农村贫困人口的存在以及精准扶贫、脱贫攻坚。中国是一个有着近 14 亿人口的发展中大国，让农村贫困人口摆脱贫困、走向小康、奔向富裕，在相当长的历史进程中始终是经济社会发展的主题和难题。2013 年，习近平总书记在湖南湘西十八洞村调研时首次提出精准扶贫。以后，在一系列有关论述中，习近平总书记强调全面建成小康社会必须精准扶贫，打赢脱贫攻坚战，确保贫困地区和贫困人口一道迈入全面小康社会。突出农村贫困人口脱贫这个战略重点，补齐全面建成小康社会的最突出短板，必须坚持精准扶贫方略，采取超常规的举措，拿出过硬办法，咬定目标，苦干实干，全面改善贫困地区人民群众生活，不让贫困地区和贫困人口在全面建成小康社会的征程中落伍掉队。实现农村贫困人口全部脱贫，必将成为我国全面建成小康社会最耀眼的亮点。

战略保障是坚持全面从严治党和全面深化改革这两个“关键”。党的十八大以来，习近平总书记多次提到两个“关键”。一个是关键在党，因而必须坚持全面从严治党。习近平总书记反复强调，实现中华民族伟大复兴，关键在党。全面建成小康社会，也必然关键在党。坚定推进全面从严治党，坚持思想建党和制度建党紧密结合，集中整饬党风，严厉惩治腐败，严肃党内政治生活，净化党内政治生态，这就为全面建成小康社会提供了政治上、领导上、组织上的战略保障。另一个是关键抉择，即要坚持全面深化改革。习近平总书记指出，改革开放是决定当代中国命运的关键抉择。全面建成小康社会，也必然要坚持这个关键抉择。坚定推进全面深化改革，敢于涉深水区、啃硬骨头，敢于触及深层次利益关系和矛盾，坚决破除利益固化藩篱，坚决清除妨碍社会生产力发展的体制机制障碍，从而为全面建成小康社会提供制度保障。[1]

三、牢固树立和贯彻新发展理念

党的十九大报告指出，实现“两个一百年”奋斗目标、实现中华民族伟大复兴的中国梦，不断提高人民生活水平，必须坚定不移把发展作为党执政兴国的第一要务，坚持解放生产力和发展生产力，坚持社会主义市场经济改革方向，推动经济持续健康发展。当前，中国特色社会主义进入新时代，我国经济社会发展的大逻辑是新常态，新发展理念是针对我国经济进入新常态、世界经济复苏乏力提出的治本之策，深刻揭示了实现更高质

[1] 参见杨秋宝：《准确把握全面建成小康社会的战略布局》，《求是》2017 年 5 月 1 日。

量、更有效率、更加公平、更可持续发展的必由之路，是关系我国发展全局的一场深刻变革。

从新发展理念的形成历程来看，新发展理念是在长期改革、发展实践探索中，通过不断与时俱进总结出来的适合我国国情的发展道路。纵观世界近现代史，发展理念因时因地而异。长期以来，现代化理论和新自由主义占据着世界发展理论主流，主张以发达国家为样板、实现直线式发展，但这并不符合发展中国家千差万别的国情；同时，欠发达国家也诞生了中心外围论、依附论等，主张独立发展或与发达国家“脱钩”，但这在全球化时代并不现实。世界一些国家遵循这些现成理论，发展成效不佳，甚至陷入中等收入陷阱。因此，树立正确的发展理念至关重要。中国的发展进程，是理念探索与更新的过程。过去，为了从农业国迈向工业国，我们进行了艰辛探索，基本建立起国民经济体系、奠定了发展起飞的基础。改革开放以来，我国摸索出适合国情发展阶段的正确道路，取得了举世瞩目的发展成就，减贫人口约占世界的70%，正在开展人类历史上规模最大的工业化与城镇化进程。“创新、协调、绿色、开放、共享”新发展理念，体现了立足鲜活实践、与时俱进的思想品格。在正确发展理念的指引下，中国特色社会主义的发展之路，必将彰显出更强大的生命力。

从新发展理念的理论价值来看，新发展理念反映了时代要求，为新时期中国发展提供了科学指南。当前，我国经济发展进入新常态，从内部看，存在人口数量红利减弱、资源环境约束增强、产业升级压力加大、增长速度放缓等矛盾；从外部看，存在传统竞争优势削弱、受发达国家与发展中国家两头挤压、逆全球化抬头、国际秩序主导权角逐激烈等难题，这迫切需要我国转方式、调结构、提质量、增效益，实现由大到强的转变，牢牢把握发展的主动权。我国进入由规模速度粗放型转向质量效益集约型的关键期，正在迈向形态更高级、分工更优化、结构更合理的崭新发展阶段。

同时，我国仍处于大有可为的战略机遇期，具备人口与市场规模大、基础设施与产业配套全、参与国际竞争能力增强等不少优势，加之世界新一轮产业变革与我国发展转型历史性交汇，处理好了就是大机遇，否则就是大挑战。站在历史新高度的中国，需要以宽广的历史视野和世界眼光，以新理念激发新动力、引领新行动。正是在此背景下，新发展理念应时而生，体现了问题导向与目标导向、立足国内与放眼国际、全面规划与突破重点、战略性与操作性的有机结合，顺应了人类社会发展规律、社会主义建设规律和共产党执政规律。创新发展秉持中华文明“周虽旧邦、其命维新”的民族禀赋，致力于提升创新能力、缩小创新差距和提高全要素生产率，抢占未来发展制高点，着力解决发展动力问题；协调发展立足于发展的系统性、整体性、协同性和持续性，致力于弥补各种短板，努力缩小城乡、区域及贫富差距，推动经济与社会、物质与精神建设同步，注重解决发展不平衡问题；绿色发展传承天人合一、道法自然的中国智慧，顺应绿色低碳循环永续发展的世界大势，从盼温饱到盼环保、从求生存到求生态，着力解决人与自然和谐发展问题；开放发展吸取“盛世开放、衰世封闭”的历史经验，全面增强开放的气度与自信，以高水平开放推高难度改革、促高水平发展，创造更广阔的外部发展空间，着力解决好内外联动问题；共享发展践行以人民为中心的发展思想，坚持做大蛋糕与分好蛋糕并举，大力发展分享经济，注重解决社会公平正义问题。总体来看，新发展理念提供了我国发展转型期的综合解决方案，将有力推动我国从经济大国向经济强国转变。

实践发展永无止境，贯彻落实新发展理念的同时要求我们不断开拓发展新境界。理念是行动的先导，新发展理念正在成为发展新动力，取得明显成效，表现在以下方面：创新引领发展，新旧动能加速转换；协调发展加速发力，有效供求匹配性增强；绿色发展势头良好，生态建设加速推进；开放发展成效明显，两种资源两个市场充分利用；共享发展惠及人民，民生持续改善。改革开放40年来，我国创造了世界发展奇迹。无论是与自己过去还是与相同起点的国家比，我国的发展成就举世瞩目。但是与当今发达国家相比，我国发展差距依然很大；实现“两个一百年”奋斗目标，建设富强民主文明和谐美丽的社会主义现代化强国，依然任重而道远。只要我们紧密团结在以习近平同志为核心的党中央周围，沿着新发展理念引领的方向坚定前行，一定能开辟中国发展转型的新天地，为中华民族伟大复兴奠定坚实的物质基础和精神基础。[1]

四、推进现代化经济体系建设

党的十八大以来，面对严峻复杂的国际国内环境，以习近平同志为核心的党中央坚持以新发展理念为指导、以供给侧结构性改革为主线，坚持稳中求进工作总基调，有力有序有效推动我国经济平稳健康可持续发展，实现了稳中向好、稳中有进，中国特色社会主义迈入新时代。党的十九大报告站在新的历史起点上，高瞻远瞩、审时度势，对建设现代化经济体系作出全面部署，为我们做好当前和今后的经济工作指明了方向、明确了目标，具有十分重要的理论指导意义。就当下而言，以新发展理念指引建设现代化经济体系，就是要深刻把握建设现代化经济体系的关键环节，着力推动经济平稳健康可持续发展。

就建设现代化经济体系的关键环节来说，主要体现为加快推动质量变革、加快推动效率变革和加快推动经济发展动力变革三个方面。

一要坚持把提质增效放在首要位置，加快推动质量变革。习近平总书记强调，建设现代化经济体系，要把提高供给体系质量作为主攻方向，显

[1] 杨正位：《理念与时俱进 引领发展实践》，《经济日报》2017年9月1日。

著增强我国经济质量优势。当前，我国发展不平衡不充分的问题，在经济领域主要表现为结构性问题，实体经济结构性供需失衡、金融和实体经济失衡、房地产和实体经济失衡这“三大失衡”矛盾尤为突出。面对这些问题，必须在供给侧上下功夫，向结构优化找出路，用改革的办法，着力加快建设实体经济、科技创新、现代金融、人力资源协同发展的产业体系，促进我国产业迈向全球价值链中高端，扩大优质增量供给，提高供给体系质量效率。

二要坚持完善社会主义市场经济体制，加快推动效率变革。习近平总书记强调，要着力构建市场机制有效、微观主体有活力、宏观调控有度的经济体制。当前，我国社会主义市场经济体制不断优化，但还存在不少束缚市场主体活力、阻碍市场和价值规律充分发挥作用的弊端。这就要求，一方面，使市场在资源配置中起决定性作用，以完善产权制度和要素市场化配置为重点，加快形成统一开放、竞争有序的市场体系，实现产权有效激励、要素自由流动、价格反应灵活、竞争公平有序、企业优胜劣汰。另一方面，更好发挥政府作用。切实转变政府职能，深化简政放权，放管结合并重、优化服务，创新监管方式，不断创新和完善宏观调控，发挥国家发展规划的战略导向作用，健全财政、货币、产业、区域等经济政策协调机制，不断增强政府公信力和执行力。

三要坚持创新驱动，加快推动动力变革。习近平总书记强调，创新是引领发展的第一动力，是建设现代化经济体系的战略支撑。从近几年我国经济发展的实践看，低成本资源和要素投入形成的驱动力明显减弱，传统比较优势日益减弱，经济发展面临动力转换节点，依靠增加要素投入和出口拉动的粗放型发展模式已经行不通，发展动力必须转向创新驱动，形成先发新优势，实现创新引领发展，为经济持续健康发展打造新引擎、构建新支撑。为此，必须在推动发展的内生动力和活力上来一个根本性转变，加快建设创新型国家，强化国家创新体系建设，加快形成以创新为主要引领和支撑的经济体系和发展模式。

当前，全党同志要更加紧密地团结在以习近平同志为核心的党中央周围，深入学习贯彻习近平新时代中国特色社会主义思想，牢固树立“四个意识”，坚持以人民为中心，坚持稳中求进工作总基调，坚持贯彻新发展理念，坚持质量第一、效益优先，坚持以供给侧结构性改革为主线，加快建设现代化经济体系，推动经济持续健康发展，为决胜全面建成小康社会、夺取新时代中国特色社会主义伟大胜利、实现中华民族伟大复兴的中国梦打下坚实基础。按照党的十九大部署，我们要继续推动实体经济优化结构，加快发展先进制造业、现代服务业，推动互联网、大数据、人工智能和实体经济深度融合。加快实施“互联网 +”行动，营造创新创业发展良好环境，促进新增长点不断培育、新动能不断壮大。推动传统产业优化升级，促进我国产业迈向全球价值链中高端。坚持去产能、去库存、去杠杆、降成本、补短板，优化存量资源配置，扩大优质增量供给，实现供需动态平衡。具体说来，就是要做到“五个着力”：

一是着力加强创新能力建设。这是建设现代化经济体系的战略支撑。要加强国家创新体系建设，建立以企业为主体、市场为导向、产学研深度融合的技术创新体系。进一步强化基础研究和应用基础研究，拓展实施国家重大科技项目，努力实现重大技术突破和颠覆性创新。积极倡导创新文化，强化知识产权创造、保护、运用，培养造就一大批具有国际水平的科技人才和高水平创新团队。

二是着力实施乡村振兴战略。这是建设现代化经济体系的重要基础。要始终把解决好“三农”问题作为工作重中之重，建立健全城乡融合发展体制机制和政策体系，坚持农业农村优先发展，加快推进农业农村现代化，确保国家粮食安全。构建现代农业产业体系，发展多种形式适度规模经营，培育新型农业经营主体。促进农村一二三产业融合发展，支持和鼓励农民就业创业，拓宽增收渠道。

三是着力实施区域协调发展战略。这是建设现代化经济体系的内在要求。要建立更加有效的区域协调发展新机制，优化区域发展格局，逐步缩小地区差距。深入推进西部大开发、东北等老工业基地振兴、中部地区崛起、东部地区优化发展。以疏解北京非首都功能为“牛鼻子”推动京津冀协同发展，以共抓大保护、不搞大开发为遵循推动长江经济带发展。加大力度支持老少边贫地区加快发展，支持资源型地区经济转型发展，加快建设海洋强国。以城市群为主体构建大中小城市和小城镇协调发展的城镇格局，加快农业转移人口市民化。

四是着力深化经济体制改革。这是建设现代化经济体系的制胜法宝。要坚持和完善我国社会主义基本经济制度和分配制度，深化国有企业改革，支持民营企业发展。不断改进营商环境，全面实施市场准入负面清单制度，清理废除妨碍统一市场和公平竞争的各种规定和做法，全面落实产权保护制度，激发和保护企业家精神，加快要素价格市场化改革，完善市场监管体制。创新和完善宏观调控，健全促进消费的体制机制，纵深推进投融资体制改革，加快建立现代财政制度，深化金融体制改革。

五是着力推动形成全面开放新格局。这是建设现代化经济体系的必要条件。要以“一带一路”建设为重点，坚持引进来和走出去并重，遵循共商共建共享原则，引领更高水平的对外开放。落实好首届“一带一路”国际合作高峰论坛成果，创新对外投资方式，促进国际产能合作，大力推动贸易和投资自由化便利化，全面实行准入前国民待遇加负面清单管理制度，形成面向全球的贸易、投融资、生产、服务网络，加快培育国际经济合作和竞争新优势。[1]

[1] 何立峰：《贯彻落实新发展理念 建设现代化经济体系》，《学习时报》2017年11月20日。

五、把握供给侧结构性改革这条主线

坚定不移深化供给侧结构性改革，是新时期适应把握引领经济发展新常态的必然选择，也是习近平总书记在党的十九大报告中强调的重点之一。全面建成小康社会，必须坚持供给侧结构性改革这条主线，妥善解决制约我国经济社会持续健康发展的桎梏，保持经济高效健康发展。

首先，党的十八大以来的各项成就和伟大变革为坚定不移深化供给侧结构性改革提供了坚实的基础，供给侧结构性改革步入新阶段，也将必然面临新的任务和新的挑战。习近平总书记在党的十九大报告中指出："十八大以来的五年，是党和国家发展进程中极不平凡的五年。面对世界经济复苏乏力、局部冲突和动荡频发、全球性问题加剧的外部环境，面对我国经济发展进入新常态等一系列深刻变化，我们坚持稳中求进工作总基调，迎难而上，开拓进取，取得了改革开放和社会主义现代化建设的历史性成就。"并强调："五年来的成就是全方位的、开创性的，五年来的变革是深层次的、根本性的。五年来，我们党以巨大的政治勇气和强烈的责任担当，提出一系列新理念新思想新战略，出台一系列重大方针政策，推出一系列重大举措，推进一系列重大工作，解决了许多长期想解决而没有解决的难题，办成许多过去想办而没有办成的大事，推动党和国家事业发生历史性变革。这些历史性变革，对党和国家事业发展具有重大而深远的影响。"因此，供给侧结构性改革也必将随着党和国家的各项事业站上新的历史起点，进入新的改革阶段。这不仅体现在"全面从严治党"和"全面依法治国"所取得的伟大成果为未来改革发展奠定了坚实的政治基础，同时还体现在以下三个方面：一是"全面深化改革"为供给侧结构性改革提供最为坚实的制度基础和改革环境。二是 2017 年中国宏观经济"稳中有进、稳中向好"的态势为供给侧结构性改革提供了良好的经济基础和改革空间。三是自 2015 年底以来供给侧结构性改革所取得的成绩和经验为供给侧结构性改革进一步实践推进和理论深化奠定了最为直接的基础。在具体实践上，中央从顶层设计、政策措施直至重点任务都进行了全链条式的部署，各级政府和单位根据中央的部署形成了一套供给侧结构性改革的实施方案；在改革成效上，以“三去一降一补”五大任务为抓手，推动供给侧结构性改革取得初步成效，为2017年宏观经济的“稳中向好”打下了基础，并充分证明了供给侧结构性改革在战略和实施模式上的正确性。

当然，在新的历史起点和新的改革阶段中我们依然面临大量新的挑战和任务。这集中体现在：第一，在理论方面，供给侧结构性改革的理论体系虽然已基本构建起来，但如何与社会主义市场经济理论的基本框架和核心范式相对接，如何在方法论、基本概念、基本命题等方面进一步理论化、体系化和通俗化，将是未来需要解决的理论问题。第二，在实践方面，供给侧结构性改革在过去一年多的推行中出现了一些新难题和新矛盾。一是各级实施部门对于供给侧结构性改革的顶层设计和理论基础理解还不是十分到位，导致基层在落实供给侧结构性改革中简单化、表象化，没有坚持顶层设计与基层创新相结合。二是有些领域过度依赖行政化措施，攻坚战成果缺乏制度基础和市场基础，存在反复的可能。三是重点不突出，没有抓住改革的“牛鼻子”，导致部分改革效果并不明显。这些问题说明，供给侧结构性改革并不是一蹴而就的工程，要解决新常态现有的各种问题和未来可能出现的难题，需要我们坚定不移地深化供给侧结构性改革。

其次，进一步把握新时期的阶段性特征，用辩证唯物主义和历史唯物主义的方法论，高度重视供给侧结构性改革的理论发展，强化对改革规律的认识，增强供给侧结构性改革的战略定力。习近平总书记在“7·26”重要讲话中指出，“我们坚持和发展中国特色社会主义，必须高度重视理论的作用，增强理论自信和战略定力。在新的时代条件下，我们要进行伟大斗争、建设伟大工程、推进伟大事业、实现伟大梦想，仍然需要保持和发扬马克思主义政党与时俱进的理论品格，勇于推进实践基础上的理论创新”。党的十九大总结过去供给侧结构性改革实践经验，将以供给侧结构性改革作为新阶段发展经济的主线，必须深刻领会，为深化供给侧结构性改革夯实理论基础、增强理论指导。

最后，将各种理论认识和战略规划落到操作层面，把握当前供给侧结构性改革的重点、难点和突破点，明确未来供给侧结构性改革的实施路径和工作方案，在行动中落实各项要求。一分部署，九分落实。深化改革的关键不仅在于顶层设计的科学性，更在各类改革理论、改革蓝图和改革方案的落实，特别是在顶层设计基本完成，改革的四梁八柱已经确立，供给侧结构性改革已经取得一定成绩的新时期，狠抓落实是坚定不移深化供给侧结构性改革的关键环节。

第一，要根据不同阶段的主要矛盾来安排深化供给侧结构性改革的核心任务。随着“稳增长”取得阶段性胜利，“L”型经济调整模式步入底部运行阶段，“控风险”成为未来一段时期短期调控和改革关注的重点。这就要求供给侧结构性改革必须聚焦到可能引发系统性金融风险的几大领域之上，如债务高企的问题、资金脱实向虚的问题等。

第二，要通过问题导向的改革调整，逐步触及新常态深层次的结构性和制度性问题，开启基础性和引领性的制度改革，拓展供给侧结构性改革的深度和广度。这就要求我们，一是要探索目前各类凸显问题的深层次原因；二是要探索解决深层问题的各类基础性改革的步骤和可行的方案；三是要将各类供给侧结构性改革与基础性引领性改革和机制调整有机结合起来，使供给侧结构性改革能够建立在坚实的机制和体制基础之上。比如，采取正确方略和有效办法推进五大重点任务，去产能和去杠杆的关键是深化国有企业和金融部门的基础性改革，去库存和补短板的指向要同有序引导城镇化进程和农民工市民化有机结合起来，降成本的重点是增加劳动力市场灵活性、抑制资产泡沫和降低宏观税负。因此，供给侧结构性改革的深化，在改革的广度和深度上也必须作出拓展。

第三，要瞄准供给侧结构性改革的核心重点和主抓方向。习近平总书记在“7·26”重要讲话中指出，“抓住重点带动面上工作，是唯物辩证法的要求，也是我们党在革命、建设、改革进程中一贯倡导和坚持的方法”。从目前中国经济发展新常态的新特征和新问题出发，未来工作重点应当包括以下几个方面：一是要明确振兴实体经济是供给侧结构性改革的主要任务，供给侧结构性改革要向振兴实体经济发力、聚力；二是要明确在去产能方面必须抓住处置“僵尸企业”这个牛鼻子；三是在去库存方面应以三四线城市房地产库存为重点；四是在去杠杆方面必须以降低企业杠杆率为重中之重；五是在降成本方面必须加大减税、降费和降低要素成本的力度；六是在补短板方面要从严重制约经济社会发展的重要领域和关键环节、从人民群众迫切需要解决的突出问题着手。这种转变集中体现总书记所强调的“既抓重要领域、重要任务、重要试点，又抓关键主体、关键环节、关键节点，以重点带动全局”的要求。

第四，必须在狠抓落实的基础上，发挥基层创新的积极性，使供给侧结构性改革在实施模式创新的基础上提高改革的成效。抓好重大改革顶层设计，也要充分调动地方和基层推动改革的积极性和主动性。目前深化供给侧结构性改革有时面临两难困境——要么顶层设计难以落地，改革流于空转；要么行政化色彩较重，在“一刀切”之中带来后遗症。而破解这个两难困境的重要方法就是在解决“为官不为”的基础上，建立基层改革创新的微观激励体系，使各地政府和经济主体能够进行改革创新、大胆探索，防止“改革中梗阻”，打通改革“最后一公里”。[1]

[1] 参见刘元春：《坚定不移深化供给侧结构性改革》，《经济日报》2017年9月15日。

党的十九大对新时代如何深化供给侧结构性改革作出了战略安排，主要体现为：“建设现代化经济体系，必须把发展经济的着力点放在实体经济上，把提高供给体系质量作为主攻方向，显著增强我国经济质量优势。加快建设制造强国，加快发展先进制造业，推动互联网、大数据、人工智能和实体经济深度融合，在中高端消费、创新引领、绿色低碳、共享经济、现代供应链、人力资本服务等领域培育新增长点、形成新动能。支持传统产业优化升级，加快发展现代服务业，瞄准国际标准提高水平。促进我国产业迈向全球价值链中高端，培育若干世界级先进制造业集群。加强水利、铁路、公路、水运、航空、管道、电网、信息、物流等基础设施网络建设。坚持去产能、去库存、去杠杆、降成本、补短板，优化存量资源配置，扩大优质增量供给，实现供需动态平衡。激发和保护企业家精神，鼓励更多社会主体投身创新创业。建设知识型、技能型、创新型劳动者大军，弘扬劳模精神和工匠精神，营造劳动光荣的社会风尚和精益求精的敬业风气。”当前，深化供给侧结构性改革，就是要深刻领会党的十九大的战略部署，在具体实践中将部署落到实处。

六、着力解决经济发展不平衡不充分的问题

党的十九大明确提出我国社会主要矛盾已经发生了转化，科学判断我国社会主要矛盾的转化，体现了我们党在解放和发展社会生产力过程中坚持以人民为中心，着力解决发展中出现的新矛盾新问题的政治智慧和理论勇气。

发展不平衡不充分是满足人民美好生活需要的主要制约因素。长期以来，我国社会主要矛盾表现为人民日益增长的物质文化需要与落后的社会生产之间的矛盾，造成这一矛盾的根本原因在于我国落后的社会生产。随着改革开放的深入推进和现代化建设步伐的加快，我国的改革发展取得了

举世瞩目的成就。一方面，我国社会生产力水平总体上显著提高，“落后的社会生产”已根本改变，我国已成为全球第二大经济体，对世界经济增长的贡献率超过30%，社会生产能力在许多方面进入世界前列，综合国力不断增强；另一方面，人民生活水平明显提升，已经解决温饱问题，并总体上实现小康，到2020年将全面建成小康社会。人民不仅对物质文化生活提出了更高要求，而且在民主、法治、公平、正义、安全、环境等多方面、多样化、多层次的需求日益增长。同时，我国社会生产力水平总体上显著提高，社会生产能力在很多方面进入世界前列，更加突出的问题是发展不平衡不充分，这已经成为满足人民日益增长的美好生活需要的主要制约因素。

发展不平衡不充分体现在多方面，但经济发展的不平衡不充分是最根本的，由此从深层决定了我国社会主要矛盾的变化，也从深层决定着“我国仍处于并将长期处于社会主义初级阶段的基本国情没有变，我国是世界最大发展中国家的国际地位没有变”。这种不平衡主要体现在三个方面：一是城乡发展不平衡。虽然我国城镇化水平逐年提高，城乡一体化发展全面推进，但是构建新型城乡关系、推进城乡融合发展中仍存在一些突出问题。表现为城乡经济发展差距仍然较大，县域经济发展仍然不足；城乡要素配置仍然不均衡，要素从农村单向流向城镇的趋势明显；城乡公共服务发展不平衡，农村公共服务能力亟待提升；城乡二元结构弊端仍然存在，户籍和土地等制度仍需完善。二是区域发展不平衡。随着各项区域发展战略的实施，我国区域发展差距有所缩小。但是，区域发展不平衡、不协调、不可持续的格局尚未得到根本改变，区域发展差距依然较大，欠发达地区与发达地区在经济总量指标和人均指标上均存在差距，要实现追赶跨越还需要较长时间；区域交流合作与协同发展机制尚不完善，各区域间和区域内部产业同构、重复建设、分工不合理等问题较为突出；区域生产力布局与环境保护和生态建设融合发展程度不高，区域发展所面临的资源环境约束压力增大，区域发展与生态环境保护的矛盾日益突出。三是结构不平衡。一系列调结构的措施，推动了我国产业结构、投资消费结构和收入分配结构等优化和完善。但是，收入分配结构仍然存在不平衡、不合理的问题，劳动报酬在初次分配中的比重仍需提高，初次分配中的不合理不合法现象亟待规范；税收等措施对收入再分配的调节力度仍需强化，居民收入和经济增长不同步的压力仍然较大；城乡、地区、行业之间收入差距较大等问题仍然存在，公平、合理的收入分配格局亟待健全；低收入群体长期存在，中等收入群体仍需扩大，脱贫攻坚任务艰巨，跨越“中等收入陷阱”任重道远。

而经济发展的不充分也主要体现在三个方面：一是创新不充分。创新是引领发展的第一动力。目前，我国自主创新能力整体上还不强，原创成果还比较缺乏，尤其是核心技术、关键共性技术和前沿引领技术创新不足，对国外先进技术的依赖较大；创新成果转化应用和产业化发展水平还不高，科学技术加快转化为现实生产的能力不强，在产业发展中的应用程度不高，产学研用融合发展还不充分；创新政策体系还不完善，企业等创新主体动力不足，充分调动各类主体积极性的技术创新体系亟待建立。二是改革不充分。经济体制改革是全面深化改革的重点。在社会主义市场经济体制建立与发展过程中，劳动力、土地、技术和资本等生产要素市场体系还不完善，市场秩序还需规范，公平竞争的市场环境还需营造；产权制度还需完善，国有企业改革还需进一步推进，民营企业发展环境还需改善，市场主体活力还需充分激发；政府宏观调控能力还需提高，职能缺位和越位等问题仍然存在，宏观政策还需进一步优化。三是开放不充分。开放是提升国际影响力和竞争力的必然选择。在全球治理体系和贸易规则面临调整的重要时期，发达国家仍然掌握过大的话语权和控制权，我国参与国际规则、标准制定和修改的能力还不强，引进来和走出去所面临的外部风险和经济安全压力还很大；我国劳动力成本较低的比较优势正在下降，参与全球价值链分工和抢占全球产业发展制高点的能力亟待提高；我国市场准入的限制还比较多，服务业开放发展的程度还比较低，仍存在进一步开放的空间。

就当下而言，解决新时代我国社会主要矛盾的关键是着力解决经济发展不平衡不充分问题。为此，必须贯彻新发展理念，建设现代化经济体系，推动经济持续健康发展。要深化供给侧结构性改革，着力发展实体经济，着重提高供给质量，加快培育新增长点和新动能，显著提升经济发展质量和效益。要加快建设创新型国家，强化国家创新体系建设，建立健全国家创新生态系统，充分发挥创新主体能动性，推动形成全社会尊重创新、支持创新、参与创新的良好局面。要实施乡村振兴战略，始终将解决好“三农”问题作为全党工作的重中之重，着力解决好城乡发展不平衡问题，确保发展成果更多更公平惠及全体城乡居民，同步提升城乡居民生活水平和质量。要实施区域协调发展战略，积极建立更加有效的区域协调发展新机制，加快形成东西联动、内外协同、陆海统筹的区域发展新格局。要加快完善社会主义市场经济体制，着力健全产权制度，优化要素市场化配置，将充分发挥市场在资源配置中的决定性作用和更好发挥政府作用有机结合起来。要推动形成全面开放新格局，坚持引进来和走出去并举，实行积极主动、双向开放、互惠互利的开放发展战略，加快建立国际经济合作和竞争新优势，不断增强我国的经济实力和综合国力。[1]

七、以新发展理念助力打赢脱贫攻坚战

党的十九大报告指出，从现在到 2020 年是全面建成小康社会的决胜

---

[1] 参见蒋永穆：《着力解决经济发展不平衡不充分的问题》，中国社会科学网，2018 年 3 月 26 日。

阶段。强调要突出抓重点、补短板、强弱项，特别是打赢包括精准脱贫在内的三大攻坚战，进一步坚定了我们带领群众脱贫致富的必胜信心。当前，脱贫攻坚进入攻克困中之困、难中之难、坚中之坚的关键时期，必须全面贯彻新发展理念、破解脱贫难题、增强脱贫动力、提升脱贫实效，确保如期高质量打赢脱贫攻坚战。

推进创新发展，着力完善贫困治理体系。脱贫攻坚工作落实创新发展理念，必须善于运用创新的思维、改革的办法和超常规的手段，系统推进精准脱贫各项工作：一是抓好制度创新。积极创新脱贫攻坚的政策体系和工作机制，真正用“精准”的标准、“严实”的要求和“绣花”的功夫，精准调查摸底、精准研究对策、精准对症施策。二是推进改革创新。着力推进一、二、三产业融合发展，构建“种养加”结合、“产加销”一体的扶贫骨干产业体系、生产体系、产品体系和经营体系。三是强化科技创新。注重与科研院所、科技团队等的深度合作，建立“一个产业、一个企业、一个院所、一个基地”的产学研服务体系。四是加强治理创新。充分发挥法治、德治和自治“三治”综合功能，强化乡村社会治理。

推进协调发展，着力突破区域整体贫困。推进协调发展必须解决区域性发展不平衡、贫困村与非贫困村发展不公平、贫困户与非贫困户发展不均衡的问题。一是夯实基础设施，推动区域协调发展。围绕小康路、小康水、小康电、小康讯、小康房、小康村的“六小扶贫工程”，加大贫困地区基础设施建设力度。加大农村环境综合整治力度，持续改善农村地区生态环境，全面提升人居环境质量。二是聚焦深度贫困，深度发力补短板。深入学习贯彻习近平总书记在深度贫困地区脱贫攻坚座谈会上的讲话精神，采取更加有效的举措、更加有力的工作，扎实推进深度贫困地区脱贫攻坚。三是统筹贫困与非贫困，推动均衡发展。要针对贫困与非贫困临界差别不大的客观实际，统筹好贫困与非贫困的整体发展，防止因顾此失彼而产生新的发展不平衡，导致新的贫困发生。

推进绿色发展，着力强化生态扶贫。绿色发展是推动脱贫攻坚、巩固脱贫成果发展的必要条件。一是加大生态保护治理力度。牢固树立“绿水青山就是金山银山”的生态扶贫理念，坚守发展和生态两条底线，走绿色发展之路，从而实现脱贫和生态保护的协调发展。二是大力发展生态农业。坚持生态产业化、产业生态化，科学布局“长短结合”农业产业，调顺产业结构、调好种植结构、调优产品结构，转变发展方式，发展现代生态优质高效农业，推动传统农业从数量增长为主向数量质量效益并重。三是大力发展生态旅游。坚持生态旅游扶贫融合发展，大力发展乡村旅游，推动脱贫攻坚。四是大力实施生态搬迁。坚持人口下山、产业上山，产品出山、游客进山，对居住在“一方水土养不活一方人”的深石山区的人口实现生态搬迁，改善群众生产生活条件，解决脱贫致富与生态保护的两难困境。

推进开放发展，着力汇聚脱贫强大合力。推进开放发展就是要解放思想，突破传统固有思维定势，坚持在扩大开放中推进精准脱贫，进一步解放和发展生产力。一是深入推进网络扶贫。创新“互联网 +”扶贫模式，补齐贫困地区互联网基础设施建设的突出短板，建立扶贫开发大数据平台，推动开放式扶贫。二是充分发挥市场作用。创新建立政府主导、银行支持、保险参与、农户参加、市场带动的“五位一体”联动机制，整合资源，开拓市场，促进生产，实现共赢。三是强化社会力量扶贫。积极发挥统战、工商联、非公经济组织和社会组织等社会扶贫力量，通过开展村企共建活动、爱心捐赠、志愿服务、结对帮扶等多种形式帮扶贫困村、贫困户，形成全社会参与脱贫攻坚的强大合力。

推进共享发展，着力提升脱贫获得感。推进共享发展就是要始终坚持以人民为中心的发展思想，坚持全民共享、全面共享、共建共享、渐进共享，着力补齐民生“短板”，着力增强贫困群众获得感，保障社会公平正义，实现共同富裕。一是抓好教育扶贫。着力优化贫困地区教育资源，提升贫困地区教育信息化水平。二是抓实医疗扶贫。抓好医疗扶贫最根本的是要推动优质医疗资源向贫困地区和贫困人口延伸，提高基层医疗卫生机构医疗服务水平，解决贫困群众就近能看病、看好病的问题。三是抓细社会保障。社会保障是对无业可扶、无力脱贫的贫困群众采取的兜底性脱贫措施。要抓好农村留守儿童、留守妇女、留守老人和残疾人关爱服务体系，落实好基本生活保障。[1]

八、在补短板中提高保障和改善民生水平

习近平总书记在党的十九大报告中对中国特色社会主义进入新时代后我国社会主要矛盾的内涵进行了新的论述，即人民日益增长的美好生活需要和不平衡不充分的发展之间的矛盾。这一关于社会主要矛盾内涵转变的重要论述，首先阐明了人民对物质、文化、政治、生态等多样化多层次需要的不断增长以及对美好生活的向往。其次看到了在民生领域我们还存在一些发展短板，群众在就业、教育、医疗、社保、居住、养老等方面仍面临不少难题。再次明确了增进民生福祉是推进发展的根本目的，要在发展中补齐民生短板，促进社会公平正义，保证全体人民在共建共享发展中有更多获得感，不断促进人的全面发展、全体人民共同富裕。最后提出要从人民最关心最直接最现实的利益问题出发，坚守底线、突出重点、完善制度、引导预期，完善公共服务体系。

在新时代中国特色社会主义基本方略的“十四个坚持”中，“坚持在发展中保障和改善民生”是重要内容。这一基本方略强调：增进民生福祉是发展的根本目的。必须多谋民生之利、多解民生之忧，在发展中补齐民

[1] 阚吉林：《高质量打赢脱贫攻坚战》，《学习时报》2017 年 11 月 1 日。

生短板、促进社会公平正义，在幼有所育、学有所教、劳有所得、病有所医、老有所养、住有所居、弱有所扶上不断取得新进展，深入开展脱贫攻坚，保证全体人民在共建共享发展中有更多获得感，不断促进人的全面发展、全体人民共同富裕。建设平安中国，加强和创新社会治理，维护社会和谐稳定，确保国家长治久安、人民安居乐业。将“在发展中保障和改善民生”纳入党的基本方略，这充分体现了新时代党对民生的高度重视，也为新时代坚持以人民为中心，保障和改善民生提供了根本遵循。

长期以来，尤其是改革开放以来，我国的发展模式呈现出鲜明的以经济发展业绩为导向的基本特征。虽说在这一导向的指引下，我国经济发展取得世人瞩目的伟大成就，从一穷二白、几乎要开除“球籍”发展成为世界第二大经济体。但是，我们也看到，在经济发展领域取得突出业绩的同时，民生领域在城乡、地区之间还存在很大差距，主要表现在：在各地经济发展的过程中，总体经济实力还是不够强大，一些地区在民生领域历史负担比较重，欠账较多；有的地方在推进经济发展的过程中，出现了“重积累、轻消费”“重基础设施投入、轻社会保障建设”等状况。党的十八大以来，以习近平同志为核心的党中央坚定人民立场，将人民群众对美好生活的向往作为党的奋斗目标，坚持以人民为中心的发展思想，先后实施了一系列惠民政策，切实保障和改善民生，尤其是脱贫攻坚的实施使中国六千多万人摆脱贫困，最大限度保障了广大人民群众的切身利益。

当前，中国特色社会主义进入新时代，中国社会主要矛盾发生变化，要提高保障和改善民生水平，当务之急是要提升保障民生发展的制度水平。通过实施政府“应保尽保”的民生兜底战略，积极履行政府职责，建立与各地经济发展水平相适应的民生支出制度；通过建立民生需要调查与筛选制度、财政保障制度、公共服务设施容纳力与承载力制度以及城乡公共服务均等化制度等配套制度建设，在教育、就业、医疗、社保等主要领域探索构建民生发展新模式。还要通过建立有效的管理机制来补齐民生短板。从人民群众普遍关心的问题出发，从人民群众普遍集中的需要出发，根据民生发展的目标、任务、资源、项目、政策、路径等要求，将绩效战略管理引入到民生发展之中，切实提高公共服务体系的管理效能，提高人民群众对民生发展的获得感、满意度。[1]

[1] 参见唐亚林：《在补短板中提高保障和改善民生水平》，《光明日报》2017 年 10 月 23 日。

第八章

世界大同怎么谋

◇ 中国梦是奉献世界的梦

◇ 为推动人类现代化进程贡献中国智慧

◇ 坚持推动构建人类命运共同体

习近平总书记在党的十九大报告中指出，中国特色社会主义进入新时代，“意味着中国特色社会主义道路、理论、制度、文化不断发展，拓展了发展中国家走向现代化的途径，给世界上那些既希望加快发展又希望保持自身独立性的国家和民族提供了全新选择，为解决人类问题贡献了中国智慧和中国方案”，“是我国日益走近世界舞台中央、不断为人类作出更大贡献的时代”，强调中国要做世界和平的建设者、全球发展的贡献者、国际秩序的维护者。中国梦同世界各国人民的梦想息息相通，实现中国梦离不开和平发展的国际环境和稳定的国际秩序。同时，“维护世界和平与促进共同发展”也是我们党的三大历史任务之一。新时代的中国共产党人，不仅要为中国人民谋幸福、为中华民族谋复兴，还要为世界人民谋发展、谋幸福，这既是中国特色社会主义的内在要求，也是世界马克思主义走向复兴的需要。

一、中国梦是奉献世界的梦

习近平总书记指出：“中国梦是奉献世界的梦。‘穷则独善其身，达则兼善天下。’这是中华民族始终崇尚的品德和胸怀……随着中国不断发展，中国已经并将继续尽己所能，为世界和平与发展作出自己的贡献。”中国梦的实现不仅关系着中国十几亿人口的共同命运，同时也必将对整个世界产生广泛而深刻的影响。作为世界上最大的发展中国家，中国能够一心一意做好自己的事情，实现自己的梦想，这本身就是对世界的最大贡献。而中国也只有融入全球思维、树立世界眼光、具备国际胸怀，才能更好地在与世界的交往、合作、共赢中实现中国梦。

从中国梦的内在本质来看，中国梦是国家富强、民族振兴、人民幸福之梦，是十几亿中国人民共同的理想与追求；中国梦与世界各国人民的美好梦想息息相通、彼此共存。党的十八大以来，习近平总书记在深刻阐释中国梦的科学内涵、实现路径、精神支撑和动力源泉的基础上，面向国际社会，创造性地提出并阐释了以实现“持久和平、共同繁荣”为宗旨的世界梦，将中国梦与世界梦联结了起来。在迈向现代化的历史进程中，世界各国人民都提出过自己的美好梦想。这些梦想虽不完全相同，却彼此相通。这些在历史的不同发展阶段由不同国家和地区的人们所提出的梦想，一方面展现出各自文化与发展道路的独特性，从而使彼此的梦想有所区别；另一方面又展示出人类共同致力于推进文明发展进步的共通性。世界各国虽然选择了不同的实现梦想的路径，但最终都是追求人的平等和幸福这一终极目标。可以说，中国梦正是在与其他国家人民美好梦想的相互联系与交织中，共同构筑起美好世界的灿烂图景。

从中国梦的世界意义来看，中国梦在吹响中华文明复兴号角的同时，也开启了人类共圆世界梦的崭新时代；中国梦的实现，必将进一步拓展世界人民通往理想彼岸的道路。当今世界是开放的世界，中国梦的实现离不开对世界各国先进经验的学习与借鉴。我们在畅想并致力于实现中国梦的伟大历史进程中，不仅需要与世界各国人民进行沟通、对话，增进彼此之间的了解和互信，同时也需要通过合作、互补，共同构筑起一个既符合中国自身利益，又符合世界各国和人民利益、愿望的世界梦，由此也为中国梦的实现营造一个和平安宁的国际环境。我们应当推进不同文明相互尊重、和谐共处，让文明交流互鉴成为增进各国人民友谊的桥梁、推动人类社会进步的动力、维护世界和平的纽带，离开和平安宁的外部环境，离开不同文明的交流互鉴，中国梦都是无法实现的。同时，中国所致力追求的国家富强、民族振兴、人民幸福的中国梦，与持久和平、共同繁荣的世界梦是相互联系、彼此互通的。一方面，我们不断推进实现民族复兴中国梦的历史进程，打牢物质基础、精神基础、思想理论基础，这样，随着综合国力的不断增强，中国将在力所能及的范围内承担更多国际责任和义务，在客观上为世界梦的实现提供更有力的支撑；另一方面，国际社会共同致力于追求持久和平、共同繁荣的世界梦，也会为中国梦的实现提供和平安宁的外部环境。中国的发展离不开世界，世界的繁荣稳定也需要中国。中国梦是追求和平发展的梦想，也希望通过尊重各国特性，保持文化多元，推动双赢合作，来最终实现世界各国的共同繁荣。当前，中国特色社会主义进入新时代，中国梦不仅是引领中国实现社会主义现代化和民族伟大复兴的精神旗帜，同时也是推动实现包括中国人在内的全世界人民美好梦想的长久动力。在吹响中华文明复兴号角的同时，中国梦也开启了人类共圆世界梦的崭新时代。中国人民在中国特色社会主义道路上实现中国梦的伟大实践，必将进一步拓展世界人民通往理想彼岸的道路。

从中国特色社会主义的内在发展来看，坚持走和平发展的道路来实现自己的梦想，这既是我们对国际社会关注中国发展走向的回应，更是中国人民对实现自身发展目标的自觉和自信。一方面，中国走和平发展道路的自觉与自信有着深厚的文明渊源。在数千年之久的中华文明发展过程中,对和平、和睦、和谐的追求，已深深植根于中华民族的精神世界之中，融入中国人民的血脉里。与此同时，消除战争，实现和平，也是近代以来历经苦难的中国人民最迫切、最深厚的愿望。因此，通过走和平发展道路来实现中国梦，不仅是对中华民族优秀传统文化的传承和发展，也是中国人民从近代以来所遭遇的苦难中得出的必然结论。中国始终希望能同世界各国一道共谋和平、共护和平、共享和平。另一方面，中国走和平发展道路的自觉与自信有着深厚的实践基础。新中国成立以来，特别是改革开放40年以来，我们党经过艰辛探索和不断实践，逐步走出一条具有中国特色的社会主义现代化发展道路，将追求现代化与坚持社会主义统一起来，注定是一条致力于和平发展的道路。事实上，中国在追求美好梦想的实践中，已经用自己的行动向国际社会证明：中国始终是维护世界和平的坚定力量。正如习近平总书记在中法建交50周年纪念大会上的讲话中所指出的那样："历史将证明，实现中国梦给世界带来的是机遇不是威胁，是和平不是动荡，是进步不是倒退。拿破仑说过，中国是一头沉睡的狮子，当这头睡狮醒来时，世界都会为之发抖。中国这头狮子已经醒了，但这是一只和平的、可亲的、文明的狮子。"

总而言之，要和平不要战争，要发展不要贫穷，要合作不要对抗，这不仅是中国人民的美好愿望，也是世界各国人民的共同心愿。中国坚持走和平发展道路，但绝不会放弃自身的正当权益，也绝不会牺牲国家的核心利益。事实上，只有世界各国都走和平发展道路，所有国家才能实现共同发展，国与国之间才能真正实现和平相处。中国在实现自己美好梦想的过程中，始终把自己的命运与世界的命运紧密联系在一起，把自己的发展看成世界发展的一部分，始终致力于同国际社会一道，携手解决人类共同面临的各种挑战。中国的发展，注定是世界和平力量的壮大；中国梦的实现，必将会使中国对世界作出更大的贡献。[1]

二、为推动人类现代化进程贡献中国智慧

习近平总书记指出，"中国共产党人和中国人民完全有信心为人类对更好社会制度的探索提供中国方案"，"中国特色社会主义拓展了发展中国家走向现代化的途径，为解决人类问题贡献了中国智慧、提供了中国方案"。党的十九大提出要为世界问题的解决贡献中国智慧、中国方案，这不仅对于增强中国特色社会主义的道路自信、理论自信、制度自信和文化自信具有重要意义，同时也对解决世界问题，尤其是后发国家的发展问题具有重要的参考意义和实践价值。具体说来，可以从中国特色社会主义经济、政治、

[1] 参见姜玮、黎康：《"中国梦是奉献世界的梦"》，《光明日报》2014年9月1日。

文化等方面进行把握。

从中国特色社会主义经济发展模式来看，中国开辟了一条不同于西方的现代化道路，为发展中国家经济社会发展探索出一种具有高度可行性的方案。改革开放以来，中国共产党团结带领中国人民用几十年的时间走过了西方几百年时间才走完的工业化城市化道路，迅速成为世界第二大经济体，不仅在经济上创造了令世界惊叹的“中国奇迹”，也为发展中国家探索出了一种新的发展道路。具体体现为：第一，以经济建设为中心，推动经济社会全面协调发展。坚持以发展为第一要务，聚精会神搞建设，一心一意谋发展。同时，注重处理好发展平衡性、包容性、可持续性问题，注重处理好改革、发展、稳定的关系，推进经济社会的全面发展和全面进步。第二，把以公有制为主体与多种所有制经济协调起来，既发挥公有制经济的主体作用，为人民群众共享发展成果提供制度性保证，又发挥各种所有制经济的优势，共同推动社会生产力的发展。第三，把社会主义基本制度与市场经济结合起来，实行社会主义市场经济体制，既尊重市场经济一般规律，充分发挥市场在资源配置中的决定性作用，又坚持以社会主义制度为市场经济的基础和前提，更好发挥政府作用，有效克服市场失灵风险，保持宏观经济稳定和可持续发展。第四，将“先富”与“共富”衔接起来，让“先富”激励和带动落后地区、后富群众更快富裕起来，同时坚持“以人民为中心”的发展思想和“共享”的发展理念，坚持“共同富裕”的本质要求，切实保障和改善民生，促进社会公平正义，有效避免产生“两极分化”现象。这些中国特色社会主义经济发展的智慧和方案，超越了西方经济理论的解释范畴和经济发展的固有模式，为世界其他国家特别是发展中国家提供了重要借鉴。中国特色社会主义经济发展道路的成功，对那些因简单复制西方经济发展道路、发展模式而陷入“现代化困境”的发展中国家来说，无疑提供了具有高度可行性的选择方案。

从中国特色社会主义政治道路来看，中国特色社会主义政治发展道路保持了中国国家统一、民族团结以及国内的社会政治稳定，避免了西方所谓民主制度带来的“内耗”，为人类对更好政治制度的探索提供了中国经验，尤其是对长期处于战争、动乱的国家提供了重要参考。坚持党的领导、人民当家作主和依法治国有机统一，是我们党探索社会主义政治发展道路的基本经验，集中体现了中国特色社会主义的特点和优势，也为人类对更好政治制度的探索，提供了有益经验。第一，中国共产党的领导是中国特色社会主义最本质的特征，为中国现代化提供了稳定、强大的政治领导力量，避免了照搬西方多党竞争可能导致的社会失序和政局动荡，避免了在决策环节长时间的讨价还价甚至相互攻讦，保证了政策的连续性和决策的实效性，并且在执行环节有利于明确责任、形成统一步调，从而在效率上体现出显著优势。第二，人民当家作主作为社会主义民主政治的本质，把民主基础上的集中和集中指导下的民主结合起来，把人民通过选举、投票行使权利和人民内部各方面在重大决策之前进行充分协商有机结合起来，把民主选举、民主协商、民主决策、民主管理、民主监督、民主自治结合起来，有效避免了人民只有投票的权利而没有广泛参与的权利，人民只有在投票时被唤醒、投票后就进入休眠期的形式主义民主，是人类历史上最真实最普遍最高类型的民主。第三,依法治国作为党领导人民治理国家的基本方略，把党的正确主张、人民的共同意志、国家的科学决策有机结合起来，保证了党的领导和人民民主的合法性。离开了依法治国,党的领导和人民民主就会失去法理依据。中国特色社会主义政治模式超越了西方所谓的“多党制”“议会制”“司法独立”和“三权分立”等政治实践范畴和理论范式，为中国长治久安提供了科学的制度保证，也为人类政治发展探索出了一条新的发展道路。可以说，我国实现国家治理现代化，将会用事实宣告“历史终结论”的破产，宣告各国最终都要以西方制度模式为归宿的单线式历史观的破产。

从中国特色社会主义文化来看，展现出中国智慧和中国价值对世界的巨大引领作用。中国特色社会主义文化以社会主义核心价值观为灵魂，以中华优秀传统文化为底蕴，是面向现代化面向世界面向未来的，民族的科学的大众的社会主义的文化。中国特色社会主义文化，积淀着中华民族最深层的精神追求，吸取人类创造的一切优秀文明成果，代表着中国先进文化的前进方向，是比资本主义文化更高类型的文化形态。中国特色社会主义文化的形成发展过程，一定意义上说，就是社会主义先进文化与中华优秀传统文化相结合，并吸收世界上一切优秀文化成果，创造中国特色社会主义文化的过程，是我们不断前行的精神指引。中国共产党在马克思主义中国化过程中，不仅自觉地坚持用社会主义文化为中国传统文化提供变革的动力，而且自觉地用中华优秀传统文化为发展马克思主义注入丰厚本土文化滋养，不但传承了中华民族优秀传统文化，继承了红色革命文化，而且为中华文化注入了新的时代内涵。在历史上，中国智慧对世界产生过极深刻的影响，中华文化对人类文明有重大的贡献。现在，随着中国经济的崛起，中国智慧、中国文化正在迅速走向世界，一系列带有中国特色社会主义浓郁色彩的新概念新表述新论断，日益成为国际话语场中的核心议题和基本共识，逐步展现出中国价值对世界的巨大引领作用。展望 21 世纪，我们有理由相信，在不久的将来，中国的发展优势、制度优势、治理优势终将转化为世界舞台上的文化优势、价值优势、话语优势，中华文化复兴的时代必将到来。

从中国特色社会主义大国外交来看，为当代国际关系开辟出一条合作共赢、共建共享的文明发展新路，对于维护世界和平与促进共同发展能起到助推作用。中国共产党第二代领导核心邓小平曾把中国特色社会主义概括为“是不断发展社会生产力的社会主义，是主张和平的社会主义”。在社会主义建设时期，中国就向世界贡献了“和平共处”五项原则和“三个世界划分”理论，为世界和平与合作作出杰出贡献。改革开放以来，中国从维护世界和平、促进共同发展的现实需要出发，坚定不移走和平与发展的道路，努力争取利用和平的国际环境来发展自己，又以自身的发展来维护世界和平、促进共同发展。党的十八大以来，面对世界多极化、经济全球化、文化多样化、社会信息化深入发展的形势，面对“人类将向何处去”的时代拷问，以习近平同志为核心的党中央，紧紧把握21世纪世界发展中各种新要素新趋势，提出了构建人类命运共同体的理念和主张，并以前所未有的勇气和担当，着力在世界范围内建立平等相待、互商互谅、包容互鉴的伙伴关系，一步一个脚印地推进构建人类命运共同体的伟大实践，走出一条“对话而不对抗、结伴而不结盟”的国与国交往的新道路。中国关于构建以合作共赢为核心的新型国际关系和“人类命运共同体”的理念和实践，越来越为国际社会认同和接受，为发展当代国际关系提供了新理念、新思路，为打破“修昔底德陷阱”的魔咒，开辟一条合作共赢、共建共享的人类文明发展新道路，作出了卓越贡献，必将深刻地改变世界，开创人类发展的新纪元。[1]尤其是“一带一路”战略、亚投行建设等重大举措，更是为世界和平与发展贡献了中国力量。

三、坚持推动构建人类命运共同体

党的十九大报告指出：“中国共产党是为中国人民谋幸福的政党，也是为人类进步事业而奋斗的政党。中国共产党始终把为人类作出新的更大的贡献作为自己的使命。”作为习近平新时代中国特色社会主义思想的重要组成部分，构建人类命运共同体是新时代坚持和发展中国特色社会主义的基本方略之一。全党要坚定不移地在习近平新时代中国特色社会主义思想指引

[1] 参见刘靖北：《为世界贡献中国智慧中国方案》，《大众日报》2017年9月13日。

下，加快构建人类命运共同体，进一步提高我国国际影响力、感召力、塑造力，提升我国世界话语权，为解决人类问题贡献更多中国智慧和中国方案。

第一，人类命运共同体理念体现共有历史基因、契合当代发展需要。构建人类命运共同体，体现了马克思主义理论的当代创新，展示了中国共产党人统筹国内国际两个大局的高超智慧。

人类命运共同体将历史和未来相结合，是中国共产党人对中国和世界前途命运的战略塑造。中国共产党一直以实现国家富强、民族振兴、人民幸福为己任，始终把为人类作出新的更大的贡献作为自己的使命。当前，中国正在走向世界舞台的中央，世界正在拉开“重塑的序幕”。带领人民奋力实现中华民族伟大复兴，确保这一历史进程不被迟滞和打断，是当代中国共产党人的历史使命和责任担当。在民族复兴的历史关头，我们既不能把命运寄托在别人身上，也不能做脱离世界的“独行侠”，构建人类命运共同体，就是要实现将中国的发展机遇转变为世界的发展机遇，将世界的机遇转化为中国的机遇，通过睿智运用“中国智慧”、合理提出“中国方案”、正确使用“中国力量”，推动中国与世界的良性互动。

人类命运共同体将中国和世界相结合，为人类发展标出新的经纬度。经济全球化是社会生产力发展和科技进步的必然结果。在经济全球化的条件下，各国相互联系、相互依存、命运与共、休戚相关，中国与世界的交往日益频繁，联系日益紧密，互动日益加强，日益成为一个你中有我、我中有你的命运共同体。人类命运共同体勾画了中国和世界发展深刻互动的新坐标。一方面，顺应我国与世界深度融合的趋势，奉行互利共赢的开放战略，建设开放型经济新体制，提高我国在全球治理中的制度性话语权，都需要我们努力构建广泛的人类命运共同体。另一方面，西方现代化之路在推动西方实现发展的同时，其负面效应也日益显现，人类社会迫切需要新的发展方向和发展路径。人类命运共同体强调顺应经济全球化趋势，推动人类走向共同发展、协调发展、均衡发展和普惠发展，确立了共享美好未来的利益支点，指出了一条互利共赢的多样性、共同性现代化道路。

人类命运共同体将联合国宪章宗旨和当代全球治理相结合，为实现人类和平与发展作出中国贡献。人类命运共同体是对“二战”后国际社会努力缔造“力行宽恕”“和睦相处”“促成全球人民经济及社会之进展”理念的继承和弘扬。70 多年前，联合国明确了四大宗旨和七项原则，核心就是实现人类的和平与发展。60 多年前，中国倡导和平共处五项原则，践行联合国宪章的宗旨和原则，为建立公正合理的新型国际关系作出了贡献。人类命运共同体围绕“和平”与“发展”两大主题，直击国际上的零和博弈、冷战思维，直指阻碍人类进步的顽疾，主张用对话协商拆解国家间的猜忌与戒备，用共建共享破除以邻为壑的藩篱，用合作共赢拧开世界经济动力的阀门，用交流互鉴疏通不同文明之间的误解，用绿色低碳铲除环境破坏与污染的源头，弘扬共商共建共享的全球治理理念，为联合国宪章在当代世界的发展作出了中国贡献。

第二，人类命运共同体理念从政治、安全、经济、文化、生态等方面，向国际社会响亮回答了“中国想要一个什么样的世界”这一重大问题，阐明了中国坚持走和平发展道路的坚定决心，展示了中国同世界一起共享繁荣的博大胸怀。

强调多样性和共同性的辩证统一，回答了不同国家共同发展的历史课题。习近平总书记指出，世界上没有放之四海而皆准的发展模式，各方应该尊重世界文明多样性和发展模式多样化。人类命运共同体不是高度一体化、机制化的共同体，也不是传统意义上的安全共同体，而是建立在尊重多样性和差异性基础上的共同体。“夫物之不齐，物之情也。”当今世界共有 200 多个国家和地区，不同的地理环境、气候类型、历史文化、社会制度等形成了各具特色的国家风貌。正是有了这种多样性，世界才显得丰富多彩。同时，多样的世界中也蕴含共同的追求。当今世界，各国相互联系、相互依存的程度空前加深，人类命运共同体理念致力于不同制度、文化、宗教、民族和国家等的共通性，目的就是在多样世界里寻找全人类共同利益，在“多”中求“一”，在“异”中求“同”。

强调国别性和全球性的辩证统一，阐明了国家发展与世界治理的相互关系。世界上不同的国家面对的问题千差万别，解决这些问题，既需要各国自己的努力，也需要从全球治理的视野、从人类命运共同体的高度寻求最佳方案。国别问题和全球性问题是紧密联系在一起的。当前全球治理面临发展缺位、方向迷失等一系列困境，其根源是缺乏正确的发展“义利观”。以邻为壑、零和博弈、非合作博弈等观念和行为，不仅阻碍了各个国家的发展，也加剧了全球性问题。“独行快，众行远”，只有坚持合作共赢，路才能越走越宽、越走越远。“不谋全局者，不足谋一域”，如果不能把单个国家的发展放在全球发展大格局上，甚至不顾经济全球化深入发展的趋势，搞孤立主义、保护主义，必然无法实现国家的长期繁荣和稳定。人类命运共同体理念正是坚持问题导向，把国家发展和全球治理紧密结合在一起，为实现共同繁荣指出了新方向。实践证明，只有世界各国高举合作共赢的大旗，在追求本国利益的同时兼顾其他国家的发展诉求，在谋求本国发展中促进各国共同发展，才是行得快、走得远的正确道路。

强调自主性和依存性的辩证统一，指出了主权国家合作共赢的现实选择。党的十九大指出：“没有哪个国家能够独自应对人类面临的各种挑战，也没有哪个国家能够退回到自我封闭的孤岛。”人类生活在同一个地球村，处在同一个历史和现实交汇的时空，利益交融、荣辱与共，合作共赢是必然选择。命运共同体的根基是利益共同体，经济全球化的深入发展已经使得各国事实上形成了你中有我、我中有你的利益共同体，各国之间具有共同利益、整体利益。人类命运共同体尊重各国的主权完整、道路选择、文化价值，坚持在各国独立自主基础上实现相互依存、相互理解、互利共赢。它不是国家间的联盟，不是建立以中国为中心的国际秩序，而是为了解决全球性问题，应对全球性挑战，推动全球治理更加完善，推动国家间合作关系的升华。当前世界面临的不稳定性不确定性突出，人类面临许多共同挑战，各国应当相互尊重而不是遏制，相互依存而不是孤立，相互补台而不是拆台。“以和兴利”与“以利成和”并重，越来越成为世界各国理性和现实的选择。

第三，建设人类命运共同体是全人类的共同大事业，需要有广泛共识和集体行动。当前，人类命运共同体已经赢得国际社会的普遍赞同和响应，多次被写入联合国决议，进入国际话语体系。我们要同各国人民一道携手同舟，让和平的薪火代代相传，让发展的动力源源不断，让文明的光芒熠熠生辉。

加强针对性研究，丰富思想内涵。习近平总书记指出，构建人类命运共同体是一个美好的目标，也是一个需要一代又一代人接力跑才能实现的目标。当前，国际社会对人类命运共同体还存在不同的解读，有不少认识误区。例如，有的人认为它是统一性的共同体，有的人认为它是中国的国际秩序观。针对这些解读差异，我们要进行有针对性的研究，主动发声，澄清认识。我们还要认真研究马克思主义关于共同体的思想，善于从中华传统文化中汲取营养，使我们的研究既有历史观察也有时代关切，既有理论思考也有现实导向，既有中国基因也有世界细胞。要让越来越多的国家和人民理解、体验什么是人类命运共同体，从感性到理性，从思想到体验，点点滴滴凝聚国际共识。

多层次推进,扩大示范效应。人类命运共同体不仅仅是旗帜,也是行动，需要身体力行的示范效应。我们一方面要高举旗帜，占据国际道义制高点；另一方面要身体力行，让更多国家心服口服，自觉跟进，让更多国家感到构建人类命运共同体刻不容缓。人类命运共同体在实践中是多层次、多方面的。在全球层面，我们要推动建设开放、包容、普惠、平衡、共赢的经济全球化，构建相互尊重、公平正义、合作共赢的新型国际关系。在地区层面，我们要按照亲诚惠容理念和与邻为善、以邻为伴周边外交方针深化同周边国家关系，发展在新安全观基础上的上海合作组织等。在双边层面，我们要与亚非拉一些国家建立休戚与共的命运共同体。

多渠道传播，凝聚国际共识。传播促进相知相识、共鸣共通。我们要更加注重传播话语体系建设，围绕人类命运共同体这一最大、最好、最有力的话语权，开展多渠道交流与传播，阐释好丰富内涵，表达好共同心愿。要从战略上明确传播思路，从整体上提升传播水平，从全局上加强传播力量。中国有着悠久文明和优秀文化，有着庞大的高等教育力量和众多的科研院所以及发达的传播载体。我们要把这个优势发挥好，积极构建人类命运共同体对话平台。

以“一带一路”为契机，搭建人类命运共同体新平台。以习近平同志为核心的党中央，以非凡的理论创新勇气和历史担当精神，提出“一带一路”倡议，打造国际合作新平台。我们既要推进基础设施、产能合作等方面的“硬联通”，也要强化政策对接、民心相通等方面的“软联通”，提高相关国家和国际组织的参与度、获得感和贡献率。要把“一带一路”建设成构建人类命运共同体的试验田，积极探索多元主体合作、第三方市场合作等创新性经验，推动各国和国际组织更好地顺应民愿、汇聚民智、动员民力。要掌握好沟通人心的话语体系，要以理服人、以事服人、以史服人，吸取古丝绸之路的历史经验，坚固文明交流的纽带，于往来中聚共识，于细微处见精神，于互利中增信心。[1]

[1] 马建堂：《构建人类命运共同体 为世界贡献中国智慧》，求是网，2017 年 11 月 15 日。

第九章

伟大工程怎么建

◇ 把握新时代党的建设总要求

◇ 把握学习党章的核心、根本、关键和实质

◇ 坚持和加强党的全面领导

◇ 以政治建设统领新时代党的建设

◇ 着力增强党的战略思维能力和战略定力

中国共产党领导是中国特色社会主义最本质特征，是中国特色社会主义制度最大优势。党的十九大报告明确强调:“实现伟大梦想，必须建设伟大工程。这个伟大工程就是我们党正在深入推进的党的建设新的伟大工程。中国在革命、建设和改革事业中所取得的每一项重大成就，都离不开中国共产党这个核心领导力量，离不开党的建设。20 世纪末，随着东欧剧变和苏联解体，科学社会主义和国际共产主义运动曾陷入前所未有的低潮，面对复杂多变的国内外形势，中国的改革开放事业之所以能够不断推进，科学社会主义事业之所以在中国能够得以坚持，正是由于有中国共产党这个坚强的领导核心。在建党近百年、建国 60 多年、改革开放 40 年的风雨历程中，中国共产党领导着中国人民谱写出了一个又一个壮丽的篇章，开辟了中国特色社会主义道路、形成了中国特色社会主义理论体系、确立了中国特色社会主义制度、发展了中国特色社会主义文化，使科学社会主义在中华大地上重新焕发生机。历史和实践都充分向世人证明，只要有中国共产党这个坚强的领导核心在，中国特色社会主义事业就能够稳步推进。当前，中国特色社会主义进入新时代，我国前所未有地接近世界舞台的中心，我们比历史上任何时期都要接近、更有信心和能力实现中华民族伟大复兴的目标。同时，我们党面临着执政考验、改革开放考验、市场经济考验、外部环境考验和精神懈怠危险、能力不足危险、脱离群众危险、消极腐败危险等尖锐和严峻的挑战、危险，给新时代坚持和加强党的建设提出了更高的要求。坚持不忘初心、牢记使命，必须全面贯彻党的十九大对新时代加强党的建设的部署、要求，继续推进新时代党的建设新的伟大工程，把我们党建设成为能担起历史使命、经受得住任何考验的、具有过硬本领的无愧于民族、无愧于人民的坚强执政党。

一、把握新时代党的建设总要求

实现中华民族伟大复兴是中华民族近代以来最伟大的梦想，也是中国共产党的历史使命，为了实现伟大历史使命，必须建设伟大工程。在以习近平同志为核心的党中央领导下，我国前所未有地靠近世界舞台中心，前所未有地接近实现中华民族伟大复兴的目标，前所未有地具有实现这个目标的能力和信心。治国必先治党，治党务必从严，管好党，治好党，让全面从严治党成为实现中华民族伟大复兴历史使命的根本保证。

党的十九大立足新时代中国共产党的历史使命，强调“实现伟大梦想，必须建设伟大工程”，指出“全党要更加自觉地坚定党性原则，勇于直面问题，敢于刮骨疗毒，消除一切损害党的先进性和纯洁性的因素，清除一切侵蚀党的健康肌体的病毒，不断增强党的政治领导力、思想引领力、群众组织力、社会号召力，确保我们党永葆旺盛生命力和强大战斗力”，将“坚持党对一切工作的领导”和“坚持全面从严治党”纳入新时代中国特色社会主义基本方略，强调“勇于自我革命，从严管党治党，是我们党最鲜明的品格。必须以党章为根本遵循，把党的政治建设摆在首位，思想建党和制度治党同向发力，统筹推进党的各项建设，抓住‘关键少数’，坚持‘三严三实’，坚持民主集中制，严肃党内政治生活，严明党的纪律，强化党内监督，发展积极健康的党内政治文化，全面净化党内政治生态，坚决纠正各种不正之风，以零容忍态度惩治腐败，不断增强党自我净化、自我完善、自我革新、自我提高的能力，始终保持党同人民群众的血肉联系”。同时，党的十九大报告从党和国家事业发展全局出发，提出了新时代党的建设总要求，对推动全面从严治党向纵深发展作出新部署。这充分体现了我们党勇于自我革命、从严管党治党的鲜明品格，必将为实现“两个一百年”奋斗目标、实现中华民族伟大复兴的中国梦提供坚强政治保证。准确理解和把握新时代党的建设总要求，必须做好以下八个方面工作：

一是做到"两个坚持"，即"坚持和加强党的全面领导，坚持党要管党、全面从严治党"。这要求我们要把党管好治好，治好管好就必须全面从严。

二是突出党建主线。这条主线的关键词是长期执政能力、先进性、纯洁性。提高执政水平和领导能力是加强党的建设的主要目的，贯穿于党的建设全过程。我们是无产阶级政党，必须时刻保持先进性和纯洁性，这是党生存壮大的自然要求，也是党的自身性质所决定的。

三是以党的政治建设为统领，实际上是明确了党的政治建设在党的建设中的地位即党的根本性建设。党的政治建设决定党的建设方向和效果。"加强党的政治建设"这个观点在中共党代会报告中第一次提出，是习近平总书记对党建思想的丰富发展。以党的政治建设为统领，就是要把"保证全党服从中央、坚持党中央权威和集中统一领导"作为党的政治建设的首要任务；就是要求全党要坚定执行党的政治路线、严格遵守政治纪律和政治规矩，在政治立场、政治方向、政治原则、政治道路上同党中央保持高度一致；就是要健康开展党内政治生活、营造风清气正的政治生态；就是要坚持和健全民主集中制；就是要反对宗派主义、圈子文化、码头文化；就是要求全党特别是高级干部加强党性锻炼，把对党忠诚、为党分忧、为党尽职、为民造福作为根本政治担当，永葆共产党人政治本色。

四是打牢坚定理想信念宗旨这个根基。中国共产党的宗旨是全心全意为人民服务。习近平总书记多次强调理想信念是共产党人精神上的"钙"，是我们共产党人经受得住任何考验的精神支柱。打牢理想信念宗旨这个根基，就需要把理想信念建设作为党的思想建设的首要任务；就要通过多种方式教育全党牢记宗旨、拧紧"总开关"；就要在推进"两学一做"学习教育常态化制度化的同时开展"不忘初心、牢记使命"主题教育，以习近平新时代中国特色社会主义思想为指导。

五是以调动全党积极性、主动性和创造性为着力点。推进中国特色社会主义伟大事业，关键在党。新时代攻坚克难完成新任务，全党的积极性、主动性至关重要。我们要从健全体制机制入手，抓紧建立容错纠错机制，加强正向激励制度建设，倡导严管就是厚爱的管理理念，旗帜鲜明为那些敢于担当、踏实做事、不谋私利的干部撑腰鼓劲，主动为基层干部排忧解难，引导广大干部积极投身于党和国家的事业中来。我们现在处在爬坡登顶的关键阶段，开创新局面赢得新优势不断推进伟大事业，必须调动全党的创造性。增强创造性就是增强我们党与时俱进、因时而变、因事而变采取正确应对方针政策的能力。

六是全面推进党的建设，牢牢把握党的建设“总体布局”。习近平总书记强调把抓好党建作为最大的政绩，全面开创了党的建设新局面。所谓全面推进党的建设包括党的政治建设、思想建设、组织建设、作风建设、纪律建设、制度建设和反腐败斗争。其中，政治建设是根本性建设，思想建设是基础性建设，制度建设要贯穿政治建设、思想建设、组织建设、作风建设和纪律建设全过程。反腐败压倒性态势已形成，但反腐败形势依然严峻复杂，因此还要深入推进反腐败斗争，夺取反腐败压倒性胜利。

七是不断提高党的建设质量。质量关乎生命。中国共产党一直重视党的建设质量。不断提高党的建设质量，就要加强组织建设，注重专业能力、专业精神，不断提高干部队伍质量，建设高素质专业化队伍；就要加强基层组织建设，着力解决一些基层党组织弱化、虚化、边缘化问题，提高基层党组织的建设质量；就是要建立健全监督体制，组建国家、省、市、县监察委员会，制定国家监察法，构建由党指挥、全面覆盖、权威高效的监督体系，形成监督合力，提升监督质量；就是要全面增强执政本领，提高执政质量，这就要求全党不断增强学习、政治领导、改革创新、科学发展、依法执政、群众工作、狠抓落实、驾驭风险等八个方面的本领。

八是牢牢扭住一个总目标，即把党建设成为始终走在时代前列、人民衷心拥护、勇于自我革命、经得起各种风浪考验、朝气蓬勃的马克思主义执政党。第一，要明确我们党姓“马”、姓“共”；第二，我们党要真正具有战略思维、前瞻思维，站在时代前列，引领时代潮流；第三，通过真正坚持以人民为中心、以扎实的执政绩效、不断增强群众获得感，来赢得群众爱戴与拥护；第四，勇于自我革命，通过增强自我净化、自我完善、自我革新、自我提高能力，不断纯洁党的肌体，确保党的先进性、纯洁性；第五，经得起风浪考验和朝气蓬勃，这就需要我们党时刻保持政治定力和战略定力，坚持从自身实际出发，绝不犯颠覆性错误，同时又坚持与时俱进、不断吸纳新的养分，保持生机活力。

上述八个方面，涉及党的建设的本质、主线、布局、要求、目标等方面，构成新时代党的建设总要求，不仅是党的十九大召开后把党的建设向纵深推进的纲领，也是确保党长期执政的纲领。全党必须牢牢记住这个总要求，贯彻落实这个总要求，把全面从严治党向纵深推进。[1] 因此，我们必须将党的实践与新时代共产党人的历史使命紧密结合起来，认识到新时代推进党的建设伟大工程的重要性；必须要结合实践进程来思考，增强管党治党的思想自觉；要着眼我们党在新时代的历史使命，充分认识管党治党的重大意义；要运用好系统思维，全面深入领会党的十九大对管党治党的科学部署；要坚持问题导向，保持战略定力，继续在实践中把“全面”“从严”落到实处。

二、把握学习党章的核心、根本、关键和实质

党章是党的总章程，是党的根本大法，集中体现党的性质、宗旨、最高理想、奋斗目标，集中体现党的理论和路线方针政策，规定党的重要制度，对推进党的事业、加强党的建设具有重要指导作用。2017 年 10 月 24 日，中国共产党第十九次全国代表大会通过的《中国共产党章程（修正案）》，

[1] 参见沈传亮：《首次提出加强党的政治建设》，中国网，2017 年 10 月 23 日。

是全党在新时代各项工作的根本遵循。学习贯彻党章，必须在核心、根本、关键、实质四个方面下功夫。

学习贯彻党章，最核心的是以习近平新时代中国特色社会主义思想为行动指南。“中国共产党以马克思列宁主义、毛泽东思想、邓小平理论、‘三个代表’重要思想、科学发展观、习近平新时代中国特色社会主义思想作为自己的行动指南。”把习近平新时代中国特色社会主义思想确立为党的指导思想，写在党的旗帜上，是这次党章修改的最大亮点和最突出的历史贡献。学习贯彻党章，必须深刻把握习近平新时代中国特色社会主义思想这一行动指南，这是当前学习贯彻党章最核心的问题。党的十八大以来，以习近平同志为核心的党中央，坚持以马克思列宁主义、毛泽东思想、邓小平理论、“三个代表”重要思想、科学发展观为指导，坚持解放思想、实事求是、与时俱进、求真务实，坚持辩证唯物主义和历史唯物主义，紧密结合新的时代条件和实践要求，以全新的视野深化对共产党执政规律、社会主义建设规律、人类社会发展规律的认识，进行艰辛理论探索，取得重大理论创新成果，创立了习近平新时代中国特色社会主义思想。习近平新时代中国特色社会主义思想，从理论和实践结合上系统回答了新时代坚持和发展什么样的中国特色社会主义、怎样坚持和发展中国特色社会主义这个重大时代课题，回答了新时代坚持和发展中国特色社会主义的总目标、总任务、总体布局、战略布局和发展方向、发展方式、发展动力、战略步骤、外部条件、政治保证等基本问题，并且根据新的实践对经济、政治、法治、科技、文化、教育、民生、民族、宗教、社会、生态文明、国家安全、国防和军队、“一国两制”和祖国统一、统一战线、外交、党的建设等各方面作出理论分析和政策指导，为新时代坚持和发展中国特色社会主义、推进党和国家事业提供了基本遵循，为发展21世纪马克思主义、当代中国马克思主义作出了历史性贡献。当前和今后一个时期，我们要决胜全面建成小康社会，夺取新时代中国特色社会主义伟大胜利，实现中华民族伟大复兴的中国梦，离不开这个思想的科学指引。我们要以高度的责任感和使命感,全面深入学习贯彻，切实把思想和行动统一到习近平新时代中国特色社会主义思想上来。

学习贯彻党章，最根本的是不忘初心、牢记使命、永远奋斗。“中国共产党人的初心和使命是为中国人民谋幸福，为中华民族谋复兴。这个初心和使命是激励中国共产党人不断前进的根本动力。”我们党从成立之日起，就肩负起实现民族独立、人民解放和国家富强、人民幸福的历史任务。从世界历史一般进程看，实现民族独立、人民解放的历史任务应该由中国资产阶级及其政党来承担。但是，由于中国资产阶级的天生软弱性，这个历史任务就落到了中国工人阶级及其政党——中国共产党的肩上。我们党团结带领人民找到了一条以农村包围城市、武装夺取政权的正确革命道路，通过 28 年浴血奋战，完成了新民主主义革命，1949 年建立了中华人民共和国，实现了中国从几千年封建专制政治向人民民主的伟大飞跃，胜利完成了党所肩负的实现民族独立、人民解放的历史任务。实现国家富强、人民幸福的历史任务也就是实现社会主义现代化，是在社会主义革命和社会主义建设中推进的，是在改革开放新的伟大革命中推进的。中华人民共和国建立以后，我们党团结带领人民完成社会主义革命，确立社会主义基本制度，推进社会主义建设，完成了中华民族有史以来最为广泛而深刻的社会变革，为当代中国一切发展进步奠定了根本政治前提和制度基础。党的十一届三中全会以后，我们党团结带领全国各族人民进行改革开放新的伟大革命，破除阻碍国家和民族发展的一切思想和体制障碍，开辟了中国特色社会主义道路，使中国大踏步赶上时代，迎来了实现中华民族伟大复兴的光明前景。在党的十九大上，习近平总书记对 2020 年后三十年进行了战略安排，指明了未来中国的发展方向。当前，我们比历史上任何时期都更接近、更有信心和能力实现中华民族伟大复兴的目标。全党必须准备付出更为艰巨、更为艰苦的努力。必须按照党的十九大的战略部署，为实现伟大梦想，必须进行伟大斗争、建设伟大工程、推进伟大事业，其中起决定性作用的是党的建设新的伟大工程。同时，我们党要完成时代和人民赋予的历史使命，一定要永远与人民同呼吸、共命运、心连心，永远把人民对美好生活的向往作为奋斗目标，以永不懈怠的精神状态和一往无前的奋斗姿态，继续奋勇前进。

学习贯彻党章，最关键的是高举伟大旗帜、明确历史方位、坚决维护核心。具体说来包含三个层面：一是必须高举中国特色社会主义伟大旗帜，这是我们党改革开放以来全部理论和实践的主题，也是社会主义中国取得历史飞跃的关键所在。习近平总书记在党的十九大报告中阐明了大会主题，就是不忘初心，牢记使命，高举中国特色社会主义伟大旗帜，决胜全面建成小康社会，夺取新时代中国特色社会主义伟大胜利，为实现中华民族伟大复兴的中国梦不懈奋斗。十九大党章阐述改革开放以来我们取得一切成绩和进步的根本原因时，在十八大以来我们党关于坚持和发展中国特色社会主义新的认识基础上，对内容作了充实，将发展了中国特色社会主义文化，同开辟了中国特色社会主义道路、形成了中国特色社会主义理论体系、确立了中国特色社会主义制度一道写入党章，同时增写坚定道路自信、理论自信、制度自信、文化自信的内容。中国特色社会主义是改革开放以来党的全部理论和实践的主题。学习贯彻党章，必须高举中国特色社会主义伟大旗帜，牢固树立中国特色社会主义道路自信、理论自信、制度自信、文化自信，确保党和国家事业始终沿着正确方向胜利前进。二是必须深刻认识我国所处的中国特色社会主义新时代的历史新方位。历史方位就是国情，就是时代坐标。一部中国共产党的历史就是不断适应形势任务的发展变化，及时标定历史方位的历史。在革命、建设和改革各个时期，我们党总是根据世情国情党情的发展变化，明确党所处的历史方位，制定党在各个时期的路线方针政策。党的十九大指出：经过长期努力，中国特色社会主义进入了新时代，这是我国发展新的历史方位；中国特色社会主义进入新时代，我国社会主要矛盾已经转化为人民日益增长的美好生活需要和不平衡不充分的发展之间的矛盾。与之相适应，十九大党章在总纲部分对我国社会主要矛盾作了相应修改。从其形成依据来看，这个重大政治论断，是在回顾和总结十八大以来党和国家事业取得历史性成就、发生历史性变革的基础上作出的；是在党的理论不断创新，党的执政方式和领导方式不断改进的情况下作出的；是在全面建成小康社会之后，就实现第二个百年奋斗目标，对未来30年进行两个阶段的战略性安排后作出的。学习贯彻党章，必须科学认识我国发展新的历史方位，全面贯彻党的基本理论、基本路线、基本方略，在继续推动经济发展的同时，更好解决我国社会出现的各种问题，更好实现各项事业全面发展。三是要深刻认识中国特色社会主义最本质的特征是中国共产党的领导，中国特色社会主义制度的最大优势是中国共产党的领导。一方面，坚持党的领导，是当代中国的最高政治原则，是实现中华民族伟大复兴的关键所在。坚持党的领导，首先是坚持党中央权威和集中统一领导。十九大党章在党的建设基本要求第四项坚持民主集中制中增写：牢固树立政治意识、大局意识、核心意识、看齐意识，坚定维护以习近平同志为核心的党中央权威和集中统一领导。这对于维护党中央权威，维护全党集中统一，进而把全国各族人民紧密团结起来，为实现中华民族伟大复兴的中国梦而共同奋斗，具有重要意义。另一方面，核心就是领袖，就是统帅。一部中国共产党的历史就是不断维护党中央权威和集中统一领导，形成不同时期党的领导核心的历史。党成立以来，在大风大浪中、在斗争实践中、在历史考验中确立和形成了以毛泽东同志为核心的党的第一代中央领导集体，以邓小平同志为核心的党的第二代中央领导集体，以江泽民同志为核心的党的第三代中央领导集体，以胡锦涛同志为总书记的党中央，以习近平同志为核心的党中央。党的十八届六中全会确立习近平同志作为党中央的核心、全党的核心，这是历史的选择，人民的选择。十九大党章进一步确认这一重大政治决定。学习贯彻党章，必须坚定执行党的政治路线，严格遵守政治纪律和政治规矩，在政治立场、政治方向、政治原则、政治道路上同以习近平同志为核心的党中央保持高度一致，坚定维护以习近平同志为核心的党中央权威和集中统一领导。

学习贯彻党章，最实质的是内化于心、外化于行。党的十九大报告强调：中国特色社会主义进入新时代，我们党一定要有新气象新作为。在新时代，伟大斗争在考验着我们，伟大工程在引领着我们，伟大事业在激励着我们，伟大梦想在感召着我们。十九大党章对总纲部分进行了修改，对条文部分相应进行了修改，实现了与时俱进，这是党的工作的需要，是党的建设的需要。写好党章、修改好党章不易，贯彻落实好党章更不易。学习贯彻党章，必须内化于心、外化于行，这是学习贯彻党章最实质的问题。党的十九大闭幕仅一周，习近平总书记就带领中央政治局常委专程从北京前往上海和浙江嘉兴，瞻仰上海中共一大会址和浙江嘉兴南湖红船，回顾建党历史，重温入党誓词，宣示新一届党中央领导集体的坚定政治信念。习近平总书记在重温入党誓词后强调，入党誓词字数不多，记住并不难，难的是终身坚守。每个党员要牢记入党誓词，经常加以对照，坚定不移，终生不渝。同样道理，党章虽然只有十一章、共 55 条，记住其内容并不难，难的是经常加以对照，终身坚守，坚决贯彻执行。每一名党员，要从自身做起，从每一件小事做起，从现在做起，认认真真、扎扎实实，不折不扣、完完全全去履行党员义务，做一名名副其实的共产党员。

总体说来，党章是全党必须遵循的总规矩。每一名党员干部特别是领导干部都必须自觉学习党章、遵守党章、贯彻党章、维护党章，真正使党章内化于心、外化于行，只有如此，全党 8900 多万名党员和 450 多万个党组织，才能汇聚起磅礴的力量，才能切实领导团结带领全国各族人民。全党全国各族人民必将在以习近平同志为核心的党中央坚强领导下，在习近平新时代中国特色社会主义思想科学指引下，团结一心，众志成城，砥砺奋进，开拓创新，引领承载着中华民族伟大复兴的巨轮胜利驶向光辉的彼岸，最终实现我们的伟大梦想。[1]

三、坚持和加强党的全面领导

党的十九大报告把“坚持党对一切工作的领导”作为新时代坚持和发展中国特色社会主义的基本方略的第一条，指出“党政军民学，东西南北中，党是领导一切的”，强调“必须增强政治意识、大局意识、核心意识、看齐意识，自觉维护党中央权威和集中统一领导，自觉在思想上政治上行动上同党中央保持高度一致，完善坚持党的领导的体制机制，坚持稳中求进工作总基调，统筹推进‘五位一体’总体布局，协调推进‘四个全面’战略布局，提高党把方向、谋大局、定政策、促改革的能力和定力，确保党始终总揽全局、协调各方”。这是对我们党成功经验的深刻总结，对于确保党始终成为中国人民和中国特色社会主义事业的坚强领导核心，具有巨大深远的意义。新时代坚持和发展中国特色社会主义，坚持全面从严治党，必须坚持和加强党对一切工作的领导。

从近代中国发展历程来看，中国共产党的执政地位，是历史的选择，人民的选择，中国共产党的领导是中国特色社会主义最本质的特征和最大的优势。在 1921 年中国共产党成立前后，中国曾有二三百个政党。这些政党几乎都宣称救国救民，但后来绝大多数烟消云散，为人民所抛弃。只有中国共产党，坚定地捍卫国家民族利益，解决民生问题特别是农民的土地问题，努力实现人民的民主权利，党、政府和军队高度廉洁，赢得了中国

[1] 曲青山：《学习贯彻党章的核心、根本、关键及实质》，《求是》2017 年 11 月 16 日。

人民的拥护和支持，各民主党派也宣布接受中国共产党的领导。在1949年中华人民共和国成立之后，中国共产党在执政之初便取得了重大的执政成就，比如，政治上建立了各级人民民主政权，中国人民享受到前所未有的民主权利；经济上恢复被多年战乱破坏的国民经济，国民党统治时期留下的严重通货膨胀问题迅速得到解决；外交上不承认旧中国签订的一切不平等条约，外国帝国主义曾经在中国享有的不正当权益尽数消除，实现了“中国人从此站立起来了”。此后，中国共产党领导人民建立社会主义的基本制度，为中国的进步和发展奠定了根本政治前提和制度基础。建立独立的、比较完整的工业体系和国民经济体系，打下国家工业化和现代化的基础。实现“两弹一星”等尖端科技的突破，奠定了中国真正的大国地位。1978年十一届三中全会开启了社会主义现代化建设新征程，中国用短短几十年的时间走过了有些国家一百多年甚至更长时间走过的历程，一跃成为世界第二大经济体，民主法治建设取得巨大进步，文化、教育、科技、体育等事业得到长足发展，人民生活水平总体上达到小康，国防实力大大增强，国际地位空前提高，中华民族伟大复兴展现出光明的前景。历史充分证明，中国共产党无愧于中国的领导核心地位，正是在中国共产党的坚强领导下，中华民族真正站起来，又逐步富起来。

党的十八大以来，党的领导显著加强。在党的坚强领导下，我国取得了改革开放和社会主义现代化建设的历史性成就，全面开创了党和国家事业的新局面，实现了全方位的、开创性的、深层次的、根本性的历史性变革，助推中国特色社会主义进入新时代。在这一过程中，过去若干年由于多种原因导致的不少地区和部门出现了党的领导弱化、党的建设缺失、从严治党不力的问题，在以习近平同志为核心的党中央的坚强领导下，强调打铁必须自身硬，全面加强党的领导、全面从严治党向纵深发展，党的创造力、凝聚力、战斗力显著增强。这些重大成就是新形势下继续坚持和加强党的全面领导的重要基础和经验。具体体现在如下四方面：

一是确立习近平总书记为党中央的核心、全党的核心，为坚持和加强党的集中统一领导奠定了坚实的政治基础和前提。党的十八大以来，习近平总书记充分展现了忠诚、责任、担当、智慧。对人民忠诚，把人民利益置于最高位置；恪尽责任，直面各种困难挑战；敢于担当，不惧任何风险压力；富有智慧，善解治国理政难题。在其带领下，中国特色社会主义伟大事业取得前所未有的新发展，成功实现了中国特色社会主义从富起来到强起来的伟大飞跃。正是在此基础上，党的十八届六中全会确立习近平同志为党中央的核心、全党的核心，为新时代坚持和加强党的统一领导奠定了坚实政治基础和前提。

二是强调加强党中央的集中统一领导，坚定“四个自信”，树牢“四个意识”，增强了全党和全国人民对坚持和加强党的领导的自觉性。我们党作为以马克思列宁主义为根本指导思想的无产阶级政党，强调党中央的集中统一领导。党中央的集中统一领导是我们党取得革命、建设、改革伟大胜利的重要优势。近些年来，由于各种原因，党中央的集中统一领导有所弱化。对此，党的十八届六中全会在时隔三十余年后修订通过了《关于新形势下党内政治生活的若干准则》，强调“坚决维护党中央权威、保证全党令行禁止，是党和国家前途命运所系，是全国各族人民根本利益所在，也是加强和规范党内政治生活的重要目的”；强调遵守党的政治纪律、组织纪律的重要性；强调全党必须牢固树立政治意识、大局意识、核心意识、看齐意识，自觉在思想上政治上行动上同党中央保持高度一致；强调全党要做到党中央提倡的坚决响应、党中央决定的坚决执行、党中央禁止的坚决不做。

三是强调制度治党，通过一系列党内规章制度的制定，夯实了加强党的全面领导的制度基础。党的十八大以来，党中央先后制定和修订党内政治生活准则、党纪处分条例、地方党委工作条例、党组工作条例等党内法规，为坚持和加强党的领导提供了制度和体制保证。《中国共产党地方委员会工作条例》的通过，规定省、自治区、直辖市党委在党中央领导下开展工作，同级各个组织中的党组织和领导干部要自觉接受同级党委领导、向同级党委负责，重大事项和重要情况及时向同级党委请示报告，进一步加强了党中央对地方的领导。

四是强调严格监督、执纪、问责，加强巡视主要是政治巡视，落实管党治党主体责任，使坚持和加强党的领导有了强有力的纪律支撑。党中央通过的《中国共产党党内监督条例》，把维护党中央集中统一领导，贯彻落实党的理论和路线方针政策，确保全党令行禁止等列为党内监督的主要内容。

虽说经过党的十八大以来的工作，我们党的领导得到显著增强，但是全面从严治党永远在路上，我们党面临的新形势对党的全面领导提出了新的要求。当前，中国特色社会主义进入新时代，为了实现伟大梦想，必须进行伟大斗争，必须建设伟大工程，这就要求毫不动摇坚持和完善党的领导。党的十九大报告和十九大修改通过的党章，更加鲜明地强调坚持和加强党的领导，为新时代坚持和加强党的全面领导提供了根本遵循：

一是强调党是最高政治领导力量，坚持党对一切工作的领导。这一崭新论断，进一步明确了党的地位，党与其他组织以及各方面力量的关系。报告指出，中国特色社会主义最本质的特征是中国共产党领导，中国特色社会主义制度的最大优势是中国共产党领导。历史已经并将继续证明，没有中国共产党的领导，民族复兴必然是空想。从历史选择、执政成就、民主选举、宪法依据等，我们党都有理由理直气壮地这样阐述和坚持。新时代坚持和发展中国特色社会主义，必须始终坚持党对一切工作的全面领导这一论断，实现党的领导在社会全覆盖，在全面领导中彰显党的领导的最大优势。

二是突出政治建设在党的建设中的重要地位。报告提出了党的建设的新要求，强调把党的政治建设摆在首位。认为党的政治建设是党的根本性建设，决定党的建设方向和效果。保证全党服从中央，坚持党中央权威和集中统一领导，是党的政治建设的首要任务。全党要坚定执行党的政治路线，严格遵守政治纪律和政治规矩，在政治立场、政治方向、政治原则、政治道路上同党中央保持高度一致。我们党作为无产阶级政党，从思想上建党是党的首要原则。在党的97年发展历程中，从思想上建党，加强党的政治建设始终是贯穿始终的，正是因为我们党始终高度重视加强政治建设，实现了党具有其他任何非无产阶级政党所没有的凝聚力、创造力，才取得一个个伟大成就。新形势下坚持和加强党的全面领导，必须坚持把党的政治建设摆在首位不动摇。

三是提出全面增强执政本领。习近平总书记指出："领导十三亿多人的社会主义大国，我们党既要政治过硬，也要本领高强。"他提出，要增强学习本领，增强政治领导本领，增强改革创新本领，增强科学发展本领，增强依法执政本领，增强群众工作本领，增强狠抓落实本领，增强驾驭风险本领。习近平总书记提出要增强的这八个方面本领，适应我们党领导中国特色社会主义现代化国家建设的要求，符合党员领导干部的实际。[1]我们党面临前所未有的形势，对党的领导提出了新的要求，这就要求党要全面增强执政本领，提升执政能力和领导水平。

四、以政治建设统领新时代党的建设

党的十九大指出，新时代党的建设总要求是："坚持和加强党的全面领导，坚持党要管党、全面从严治党，以加强党的长期执政能力建设、先进性和纯洁性建设为主线，以党的政治建设为统领，以坚定理想信念宗旨为根基，以调动全党积极性、主动性、创造性为着力点，全面推进党的政治建设、思想建设、组织建设、作风建设、纪律建设，把制度建设贯穿其中，

[1] 参见谢春涛：《坚持和加强党的全面领导》，《学习时报》2017年10月27日。

深入推进反腐败斗争，不断提高党的建设质量，把党建设成为始终走在时代前列、人民衷心拥护、勇于自我革命、经得起各种风浪考验、朝气蓬勃的马克思主义执政党。”其中，加强党的政治建设是首位。以党的政治建设统领新时代党的建设，这是我们党立足新时代新使命，深刻洞察自身性质、历史经验、建设规律提出的重大命题，是在新的起点上全面推进党的建设新的伟大工程的纲领性要求。

第一，旗帜鲜明提出以政治建设统领党的建设，从根本上讲，是由政治建设在立党兴党中的核心地位所决定的，是由党的根本性质和宗旨所决定的，是由新时代党的执政使命和奋斗目标所决定的，抓住政治建设这个“牛鼻子”，就能把握灵魂抓住纲，更好地带动党的建设和党的事业发展的“一盘棋”。

从政党的性质来看，现代意义上的政党是围绕一定的政治纲领、政治路线、政治目标而组织起来的政治组织，不同的政治目的和政治主张既体现不同政党的本质区别，又决定不同政党的前途命运。因此，无论从政党组织的一般含义去理解，还是从政党制度的历史实践去考察，保持鲜明的政治本色，都是政党组织及其活动的基本法则和显著特点。不同性质政党的主要差别是如此，有着同样源头属性的党派之间的主要差别也是如此。所谓不同政党间的妥协、让步甚至合作等，不过是为实现特定时期的目标任务采取的策略、方式和手段而已。可以说，不讲政治就不成其为政党，丢掉了政治本色就意味着改弦更张。

从我们党作为无产阶级政党的性质来看，我们党是有着崇高政治理想、鲜明政治立场的马克思主义政党，是在推进中国历史变革的政治进程中应运而生，在实现人民幸福和民族复兴的政治追求中发展壮大，旗帜鲜明讲政治是本质特征和根本要求。在97年发展历程中，我们党一路走来，不断取得革命、建设和改革的一个又一个重大胜利，与我们党旗帜鲜明讲政治、注重加强政治建设是密不可分的。从革命战争年代强调“革命的政治工作是革命军队的生命线”，到社会主义建设时期提出“政治工作是一切经济工作的生命线”，再到改革开放之后提出“到什么时候都得讲政治”，注重政治建设是我们党一以贯之的高度自觉。深入分析十八大以来党和国家事业发生的历史性变革、取得的历史性成就，根本在于以习近平同志为核心的党中央坚持从政治上考量全局工作，以强大的政治定力引领中国发展，以强大的政治勇气攻坚克难，以崇高的政治品格凝聚力量，从而推动解决了许多长期想解决而没有解决的难题，办成了许多过去想办而没有办成的大事。讲中国为什么能、中国共产党为什么能的经验，讲中国道路、中国力量的优势，最为突出的就是中国共产党不懈加强政治建设、锻造过硬政治品格的经验，就是强化政治引领、保持统一意志和行动的优势。这也是中国共产党和中国特色社会主义有力量的关键要素。

从中国共产党在中国的地位来看，我国是无产阶级政党的社会主义国家，党政军民学、东西南北中，党是领导一切的，是最高政治领导力量。进入新时代，我们党正在围绕实现中华民族伟大复兴的历史使命，进行伟大斗争、建设伟大工程、推进伟大事业。这是党带领人民进行新的历史创造的奋斗进程，更是全方位经受政治考验、牢牢把握政治方向的过程，政治责任变得更为突出、更为重大。进行伟大斗争，必然要应对重大挑战、抵御重大风险、克服重大阻力、解决重大矛盾，最为重要的是保持社会思想政治上的统一、形成众志成城的强大力量；建设伟大工程，发挥好党总揽全局、协调各方的作用，最为重要的是保持党在政治上的先进性和纯洁性；推进伟大事业，既不走封闭僵化的老路，又不走改旗易帜的邪路，最为重要的是坚守正确前行道路的定力，走好中国特色社会主义的必由之路。我们党执政，执的是政治；我们党治国理政，理的也是政治。我们面临的各种考验和危险，虽然来自各个领域、各个方面，表现的形式和程度不尽相同，但归根结底都与政治相关，都需要从政治高度去观察和处理。只有坚持以政治建设统领党的建设，从政治上把我们党建设得更加坚强有力，才能真正坚持和加强党的全面领导，更好地肩负起党的执政使命。

总体说来，讲政治是我们党的一大优良传统。尤其是经过十八大以来严肃党内政治生活的有效实践，全党的政治意识和政治自觉性普遍增强。同时也须看到，由于长期处在和平发展的环境，由于受改革开放后多元多变社会思想的影响，由于一个时期内管党治党宽松软等原因，党内一些不讲政治、淡化政治、去政治化的倾向还远未根本解决。对讲政治不以为然、认为讲政治是虚是“左”的现象，不守政治纪律和政治规矩、有令不行有禁不止的现象，政治觉悟和政治定力缺失、在重大原则问题上明哲保身的现象等，在现实生活中还大量存在。这些都是政治上动摇、政治上弱化的表现，已成为党和党的事业发展的致命威胁，也是党内各种问题的主要根源。保持马克思主义政党的应有本色，增强党的创造力凝聚力战斗力，必须把政治建设作为一项基础性工程来抓，在固本培元、夯基垒台上下功夫，使我们党在政治上真正强起来。

第二，旗帜鲜明讲政治是我们党作为无产阶级政党的根本要求，党的政治建设是党的根本性建设，决定党的建设分析和效果，新时代加强党的建设必须以政治建设统领党的建设为基本遵循。以政治建设统领党的建设，关键在于“统领”二字。统领，就是统帅、引领，就是提纲挈领。贯彻党的十九大精神，就是要把政治建设作为党的根本性建设，将政治上的要求贯穿党的各项建设之中，着力增强党的政治领导力、思想引领力、群众组织力、社会号召力，以政治上的全面加强推动全面从严治党向纵深发展。

一是把坚持党中央权威和集中统一领导作为首要任务。政党的力量在于组织，而组织的强弱在于其成员思想和行动的协同性。对于我们这样一个有着 8900 多万名党员的大党来说，讲政治建设，首先是维护党中央权威和集中统一领导。离开了这一点，一切政治目标、政治使命都无从谈起。

十八大以来，党和国家各项事业气象更新，开辟了党治国理政新境界，归根结底是以习近平同志为核心的党中央政治上的坚强领导。党的十八届六中全会确立了习近平总书记在党中央的核心地位、在全党的核心地位，十九大把习近平总书记的核心地位写入党章，把习近平新时代中国特色社会主义思想确立为党必须长期坚持的指导思想，反映了全党全国人民的共同意志和根本利益。以政治建设统领党的建设，就要把维护习近平总书记这个核心、维护党中央集中统一领导作为第一位的政治要求，增强政治意识、大局意识、核心意识、看齐意识，在政治立场、政治方向、政治原则、政治道路上同以习近平同志为核心的党中央保持高度一致，使之成为思想自觉、党性观念、纪律要求和实际行动。

二是把坚持正确政治方向作为谋划一切事情的根本遵循。政治方向决定政党命运，政治方向上走偏了，就可能犯灾难性、颠覆性错误。以政治建设统领党的建设，关键是把坚持正确政治方向作为定盘星和压舱石，贯穿于党的建设各方面和全过程。正确政治方向是原则的、也是具体的，最重要的是坚持马克思主义指导地位，坚持社会主义、共产主义理想，坚持党对一切工作的领导，坚持党的基本理论、基本路线、基本方略，坚持全心全意为人民服务的宗旨。要把这些根本政治原则作为谋划一切工作的坐标，坚决反对一切削弱、歪曲、否定党的领导和社会主义制度的现象，反对一切同以人民为中心相背离的现象。衡量党的建设成效，最重要的也是看能否毫不动摇地坚持这些根本政治原则，做到不为任何错误观点所左右，不为任何干扰所迷惑，确保党的建设始终沿着正确轨道前进。

三是把严明政治纪律、政治规矩作为基本保障。邓小平讲，我们党保持战斗力、凝聚力，一靠理想、二靠纪律。一个政党只有纪律严明，才能保持步调一致和赢得胜利，如果像俱乐部那样，就会一盘散沙，失去政治组织的应有作用。在党的各项纪律中，政治纪律是最根本、最重要的纪律，抓住了政治纪律和政治规矩，就能带动党内其他方面的纪律规矩都严起来。对此，必须完善和落实民主集中制的各项制度，严守党的政治纪律和政治规矩，做到党中央提倡的坚决响应、党中央决定的坚决执行、党中央禁止的坚决反对；必须按照习近平总书记反复强调的防止“七个有之”、做到“五个必须”的要求，坚决反对个人主义、分散主义、自由主义、本位主义，反对搞团团伙伙、拉帮结派、亲亲疏疏的行为。

四是把加强党内政治生活、政治文化、政治生态建设作为净化器。健康的政治生活、政治文化、政治生态，既是党的政治建设的基本目标，也是党的政治建设的重要支撑，潜移默化地影响着整个党的建设的政治局面。以政治建设统领党的建设，必须把严肃党内政治生活、培育良好党内政治文化作为基础性工作，作为经常检视和修复党的肌体的“透视仪”和“清洗剂”，持之以恒地加以推进。要尊崇和维护党章，认真执行新形势下党内政治生活若干准则，严格落实“三会一课”、民主生活会和组织生活会等制度，认真执行民主集中制，用好批评和自我批评武器，切实解决政治生活随意化、形式化、平淡化、庸俗化问题，增强党内政治生活的政治性、时代性、原则性、战斗性。同时，要发展积极健康的党内政治文化，大力倡导忠诚老实、公道正派、实事求是、清正廉洁等价值观，旗帜鲜明反对关系学、厚黑学、官场术、“潜规则”等庸俗腐朽的政治文化，坚决抵制商品交换原则对党内政治生态的侵蚀和污染，以良好政治生态助力党的政治建设的加强。

五是把政治标准作为选人用人和党组织建设的根本标准。干部工作就是风向标、指挥棒，有什么样的用人导向，就会形成什么样的政治导向和价值取向。以党的政治建设统领党的建设，关键是强化选人用人中“德”的标准和取向。党组织选拔任用干部，首先应看干部政治上清醒不清醒、坚定不坚定，看干部的政治素质是不是过硬；党组织考核评价干部，首先突出政治立场、政治表现，看“四个意识”和“四个自信”强不强，看能不能坚定执行党的理论和路线方针政策，看有没有做到忠诚干净担当。各级党组织特别是广大基层党组织，是党的执政力量和执政根基所在，基本职责也应体现在对群众的政治引领上。如果淡化了政治功能，把基层组织混同于一般的社会组织，那就会舍本逐末，就会削弱甚至动摇党执政的基本支撑和依托。必须突出政治功能、强化政治引领，把基层党组织建设成为宣传党的主张、贯彻党的决定、领导基层治理、团结动员群众、推动改革发展的坚强战斗堡垒。

第三，立场正确、原则明确，不等于实际成效、实践成果。以党的政治建设统领全面的党的建设，必须提升以政治建设统领党的建设的实际本领。

习近平总书记强调，“党的高级干部要注重提高政治能力”“使自己的政治能力与担任的领导职责相匹配”。十九大报告也明确要求全党“增强政治领导本领”。讲政治是一种态度和立场，也是一种素养和能力。以政治建设统领党的建设，落实到党员干部身上，还有一个加强学习实践、提升政治本领的问题，只有这样才能确保相关任务要求的落实落地。

一要在强化理论素养中提升本领。悟道方能弘道，修行好才能做向导。党的崇高政治追求建立在科学理论基础之上，坚定的政治定力来自于理论上的清醒透彻，不懂不透既难以诚意正心，更难以说服他人，况且马克思主义本身又是一门极其深厚的大学问。提升政治本领、落实好以政治建设统领党的建设的要求，基础在于修好马克思主义理论的基本功，悟深悟透姓“马”姓“共”的道理所在，强化对共产主义远大理想和中国特色社会主义共同理想的内在思想自觉，从而增强团结带领他人把握正确方向、正确道路的功力和底气。作为马克思主义中国化的最新成果，习近平新时代中国特色社会主义思想为夺取中国特色社会主义新胜利提供了新的行动指南，更为强化理论武装、坚定信仰信念提供了新的思想武器。在这一重大思想的学习之中，党员干部更应走在前列、刻苦学习、学深一步，更为深刻地领会其时代背景、历史地位、科学体系和实践要求，更为自觉地用以指导观察当今世界和当今中国的发展大势，深化对共产党人初心和使命的认识，筑牢共产党人的精神支柱和政治灵魂，在坚定道路自信、理论自信、制度自信、文化自信中发挥好引领者和示范者的作用。

二要在锤炼忠诚品格中提升本领。忠诚是党员干部的基本要素，同心同德才会实现党在政治上的团结统一。如果一名党员干部在对党忠诚上出了问题，不仅会造成组织不纯，还会涣散整个党的战斗力。因此，党员干部必须带头锤炼忠诚品格，站稳党性立场，以党的旗帜为旗帜、以党的意志为意志、以党的使命为使命，牢记自己的第一身份是共产党员、第一职责是为党工作，心往一处想、劲往一起使，做到在党爱党、在党言党、在党忧党、在党为党。要提高政治敏锐性和政治鉴别力，在事关政治方向、政治原则等重大问题上，脑子要特别清醒、立场要特别坚定。对党忠诚不是空洞的口号，而是要言行一致、表里如一，做老实人、说老实话、办老实事，勇于抵制搞两面派、做两面人、投机政治的现象，以自身的实际行动维护全党政治上的团结，维护全国人民政治上的大团结。

三要在社会实践磨炼中提升本领。政治素养、政治能力的提升不是凭空而来的，需要在火热实践和大风大浪中百炼成钢。面对纷繁复杂的国际国内形势，面对诸多的风险、考验和挑战，党员干部要善于从政治上观察分析问题，遇事多想政治要求，办事多想政治规矩，成事多想政治影响，使讲政治成为日常行为的基本坐标。要带头树立永不懈怠的精神状态和一往无前的奋斗姿态，带头展示新气象新作为，敢于直面矛盾、勇于担当负责，在攻坚克难中化危为机，提高应对风险挑战的能力，把政治使命落到实际行动上。对于社会上各种歪风邪气和错误思潮，要敢于发声亮剑、敢于站在风口浪尖进行斗争，在经受考验和磨炼中锻造过硬的政治素养和能力。

四要在讲究政策策略中提升本领。“政策和策略是党的生命”，讲政治也有一个讲究艺术水平的问题。要坚持马克思主义的政治观，坚持运用马克思主义辩证法，对具体问题作具体分析，把原则的坚定性和策略的灵活性有机结合起来，把一定的政治目标和一定的方式方法结合起来。在事关政治方向和政治立场的原则问题上，在坚定贯彻党的理论路线方针政策和党中央的重大决策部署上，旗帜鲜明、坚定不移。实际工作中，坚持从党和国家事业全局出发，有勇有谋，拿捏好时度效，善于综合运用各种手段破解复杂矛盾和问题，避免影响改革发展稳定的大局，更要防止造成政治上大的被动。[1]

五、着力增强党的战略思维能力和战略定力

战略问题是一个政党、一个国家的根本性问题。战略上判断得准确，战略上谋划得科学，战略上赢得主动，党和人民事业就能不断前进。中国共产党历来重视战略问题，特别强调提高战略思维能力、增强战略定力。党的十八大以来，党和国家事业发生了历史性变革。尽管社会主义初级阶段这个最大国情没有变、社会主义初级阶段这个最大实际不能忘，但我国发展站到了新的历史起点上，中国特色社会主义进入了新时代，我国社会发展呈现一系列显著的阶段性特征。同时，推动经济、政治、文化、社会、生态文明全方位发展，满足人民群众多样化多层次多方面的需求，需要以高超的战略思维能力进行顶层设计，也需要以战略定力坚定自信、站稳脚跟。对此，习近平总书记指出：“全党要提高战略思维能力，不断增强工作的原则性、系统性、预见性、创造性”“增强理论自信和战略定力”。这既是统筹推进“五位一体”总体布局和协调推进“四个全面”战略布局的现实要求，也是更好担当“四个伟大”时代使命的政治自觉。

从我国所处的历史方位来看，经过40年的改革开放，中国正在从大国向强国迈进，从富起来迈向强起来。中国不再仅仅是追赶西方大国的欠

[1] 参见甄占民：《以政治建设统领新时代党的建设》，《光明日报》2017年11月13日。

发达国家，不再仅仅是市场经济与国际惯例的学徒，而是作为极具活力的发展中大国领跑世界经济、参与全球治理。中国特色社会主义道路不仅仅意味着中国走出了一条通向现代化的成功之路，而且意味着社会主义在当今世界焕发出强大生机活力并不断开辟发展新境界，意味着发展中国家走向现代化有了一条与西方不同的现实途径。这些转换必然会体现在战略构建上，赋予战略思维能力与战略定力以新的内涵和特点。适应新方位，担当新使命，就要以更宽广的视野、更长远的眼光来思考和把握国家未来发展面临的一系列重大战略问题，不断进行理论创新；就要以更坚定的立场、更科学的方法制定党和国家大政方针、发展战略和各项政策，不断进行制度创新；就要以更坚决的意志、更有力的行动应对重大挑战、抵御重大风险、克服重大阻力、解决重大矛盾，不断进行实践创新。这对我们党提高战略思维能力与增强战略定力提出了新的更高的要求。

在新的历史起点上，我们面对的问题更加错综复杂，同时各种思潮和观点不断涌现、泥沙俱下。如果没有足够的战略定力，就容易出现心理上患得患失、行动上犹豫不决、战略上摇摆不定的问题，就容易随波逐流、进退失据，甚至迷失行动方向、错失发展机遇。因此，习近平总书记一再告诫全党同志，要有“乱云飞渡仍从容”的战略定力。党员干部要时刻保持头脑清醒，坚定政治立场，敏锐洞察事物、清醒判断形势、严格自我要求，任凭风吹浪打，始终保持自信、坚定和从容。具体而言，应该从以下几个方面着力：

一是在道路、方向、立场等重大原则问题上坚定不移。中国特色社会主义道路是中国共产党和中国人民历尽千辛万苦、付出巨大代价走出来的一条伟大道路，是实现社会主义现代化的必由之路，是创造人民美好生活的必由之路，是实现中华民族伟大复兴的必由之路。改革开放 40 年的发展成就充分证明了这一点。增强战略定力，首要的就是高举中国特色社会主义伟大旗帜，牢固树立中国特色社会主义道路自信、理论自信、制度自信、文化自信，在重大原则问题上咬定青山不放松，绝不能犯颠覆性错误。

二是在政策的制定和实施中冷静观察、谋定后动。政策从制定到实施，会遇到很多障碍、难题。将政策制定好、贯彻下去，考验着党员干部的战略定力。当前，全面深化改革进入攻坚期、深水区，各种矛盾相互交织，各种诉求相互碰撞，治国理政的敏感度、复杂度前所未有。越是如此，就越需要增强战略定力，越需要始终保持头脑清醒，该改的坚决改、不能改的坚决守住，不为各种错误观点所左右，不为各种干扰所迷惑。

三是在复杂多变的国际局势中审时度势、抓住机遇。习近平总书记指出："我们看世界，不能被乱花迷眼，也不能被浮云遮眼，而要端起历史规律的望远镜去细心观望。"面对复杂多变的国际局势，我们要有足够的战略定力和战略自信，不能因一时一事或某些人、某些国家的言论而受影响，更不能掉入别人故意设置的陷阱。当然，首先要集中精力做好自己的事。要审时度势、内外兼顾，善于从国际形势和国际条件的发展变化中把握方向、用好机遇、创造条件，努力发展自己，使自身不断壮大提高。

四是在增强战略定力中把握好"度"，处理好变与不变的关系。改革不仅意味着改变，还意味着坚守；不仅意味着该改的必须改，还意味着不能变的坚决不变。这是改革的辩证法。稳中求进作为工作总基调，稳是前提、是大局，进是方向、是目的。关键要在发展的速度、改革的力度、社会的稳定程度、资源环境的可承受度之间找到平衡点，当进则进，宜稳则稳。

五是不断加强理论武装、党性修养、实践磨炼。领导干部做工作要有战略眼光，拿出一定时间"踱方步"。所谓"踱方步"，就是静下心来进行战略思考、涵养战略定力。每隔一段时间，从工作"热运行"中抽身出来进行"冷思考"，是领导干部提高战略思维能力、增强战略定力的重要方式。同时，还要通过理论武装、党性修养、实践磨炼等途径，为提高战略思维能力、增强战略定力打下坚实的思想基础、信仰基础和实践基础。

六是用马克思主义中国化最新成果武装头脑。没有科学理论的指导，就谈不上高超的战略思维能力和强大的战略定力。党的十九大明确了习近平新时代中国特色社会主义思想的行动指南地位，习近平新时代中国特色社会主义思想内容丰富，涵盖改革发展稳定、内政外交国防、治党治国治军等各方面，构成了一个科学完整的思想理论体系，是马克思主义中国化最新成果，开辟了当代中国马克思主义发展新境界，也是我们党对21世纪马克思主义发展的新贡献。这就是今天我们提高战略思维能力、增强战略定力的可靠理论武装、宝贵思想基础，全体党员必须自觉以习近平新时代中国特色社会主义思想武装头脑。

七是淬炼党性，坚定人民立场根本政治立场。战略思维能力背后是立场价值，战略定力背后是信念意志。离开了人民立场，淡漠了共产党人的价值追求，丧失了对理想信念的坚守，战略思维能力和战略定力就会成为空谈。党员干部只有自觉坚持以人民为中心的发展思想，坚定革命理想，以勇于自我革命的精神锤炼自己，才能把战略思维能力与战略定力用到实处，为党和国家事业发展贡献力量。

八是实践磨炼，在脚踏实地中百炼成钢。“纸上得来终觉浅，绝知此事要躬行。”战略思维能力和战略定力是实践要求很高的素质能力，需要在实践中磨炼、在实践中培养。越是重大关头，越是复杂环境，越能磨炼战略思维能力和战略定力。当代中国正在进行伟大斗争、建设伟大工程、推进伟大事业、实现伟大梦想，中国特色社会主义实践是党员干部提高战略思维能力、增强战略定力最好的“磨刀石”。广大党员干部应在全面建成小康社会的路途上、在建设社会主义现代化国家的征程中自觉磨炼，把战略思维能力和战略定力提高到新水平。[1]

[1] 辛鸣：《着力增强战略思维能力和战略定力》，《人民日报》2017年9月13日。

统一思想才能统一行动，凝聚共识才能凝聚力量。学习宣传贯彻党的十九大精神，是当前和今后一段时期全党全国的首要政治任务，要把全党全国各族人民的思想统一到十九大精神上来，把力量凝聚到实现十九大确定的各项任务上来。其中一项十分重要的工作，就是坚持不懈地用习近平新时代中国特色社会主义思想武装全党、教育人民。要通过开展多形式、分层次、全覆盖的学习培训，开展内容丰富、形式多样的宣传教育活动等，切实加强党员干部的学习。要充分利用各种宣传形式和手段，采取人民群众喜闻乐见的形式，开展集中宣讲等活动，推动习近平新时代中国特色社会主义思想进企业、进农村、进机关、进校园、进社区、进军营、进网站，使之家喻户晓、深入人心，引导广大群众做中国特色社会主义共同理想的信仰者和实践者。广大党员特别是各级领导干部要在学深、弄通、做实上下功夫，主动自觉学、结合实际学、原原本本学，准确领会把握其思想精髓、核心要义和政治意义、历史意义、理论意义、实践意义，用以武装头脑、指导实践、推动工作。通过学习，进一步坚定理想信念，牢记党的宗旨，不忘初心、牢记使命，永葆蓬勃朝气，永远做人民公仆、时代先锋、民族脊梁，更加自觉地为实现新时代党的历史使命不懈奋斗。

科学理论一经掌握群众，就会变成巨大力量。只要我们更加紧密地团结在以习近平同志为核心的党中央周围，牢固树立“四个意识”，更加坚定“四个自信”，深入学习领会习近平新时代中国特色社会主义思想，全面准确贯彻到社会主义现代化建设全过程、体现到党的建设各方面，不忘初心、牢记使命，锐意进取、扎实工作，就一定能够在全社会凝聚起推动中国发展进步、夺取新时代中国特色社会主义伟大胜利的磅礴力量，在伟大的新时代展现新气象、做出新作为，在伟大的新征程中不断续写壮丽的新篇章。

敬启

在组稿的过程中为了避免遗珠之憾，我们尽最大可能在最广的范围内借鉴、引用、收录与本书主题相关的专家学者文章论述的精华。唯有如此，才能够为广大读者奉献一本有助于个人学习、组织学习的好书。但是，这样一来，由于山水遥远，或联系方式的局限，未能跟某些作者或著作版权代理人一一取得联系，在此先行致谢。望其见书后，能与我们取得联系。

联系人：郭女士

联系方式：xdf2003@vip.163.com